SACRAMENTOS E CURA
Dimensão curativa da liturgia cristã

Dionisio Borobio

SACRAMENTOS E CURA

Dimensão curativa da liturgia cristã

EDITORA
AVE-MARIA

© 2008 by Ediciones Sígueme (Salamanca / Espanha)
ISBN: 978-84-301-1680-5

Em língua portuguesa:
© 2011 by Editora Ave-Maria. All rights reserved.
Rua Martim Francisco, 636 – 01226-000 – São Paulo, SP – Brasil
Tel.: (11) 3823-1060 • Fax: (11) 3660-7959
Televendas: 0800 7730 456
editorial@avemaria.com.br • comercial@avemaria.com.br
www.avemaria.com.br

ISBN: 978-85-276-1335-4

Tradutor: José Joaquim Sobral
Capa: Rui Cardoso Joazeiro

Dados Internacionais de Catalogação na Publicação (CIP)
Angélica Ilacqua CRB-8/7057

Borobio, Dionisio
Sacramentos e cura: dimensão curativa da liturgia cristã / Dionisio Borobio; tradução de José Joaquim Sobral. – São Paulo: Editora Ave-Maria, 2011. 128 p.

ISBN: 978-85-276-1335-4

1. Cura pela fé 2. Sacramento da cura I. Título. II. Sobral, José Joaquim

CDD 234.13

Índices para catálogo sistemático:
1. Cura pela fé   234.13
2. Sacramento da cura   234.13

Diretor Geral: Marcos Antônio Mendes, CMF
Diretor Editorial: Luís Erlin Gomes Gordo, CMF
Gerente Editorial: J. Augusto Nascimento
Editor Assistente: Valdeci Toledo
Preparação e Revisão: Maurício Leal e Lucrécia Freitas
Diagramação: Ponto Inicial Design Gráfico e Editorial
Produção Gráfica: Carlos Eduardo P. de Sousa

SUMÁRIO

Prólogo 7
Introdução 9
Sinais de cura no Antigo Testamento 13
Ministério de cura em Jesus 17
1. Atitudes e atuação de Jesus com os enfermos 18
2. Interpretação das curas físicas e anímicas de Jesus 20
Continuação da missão curadora de Jesus na comunidade apostólica 23
Sacramentos e cura na tradição da Igreja 29
1. Caráter curativo da unção de enfermos 29
2. Cristo "médico" na tradição da Igreja 43
Os sacramentos, "medicina" que cura, no pensamento teológico 51
1. Os teólogos escolásticos 51
2. Os teólogos "tridentinos" da Escola de Salamanca 57
Sacramentos e cura no magistério da Igreja 69
1. O Concílio Vaticano II 70
2. João Paulo II 72
3. Congregação para a Doutrina da Fé 81

SACRAMENTOS E CURA NOS RITUAIS DA IGREJA 91
1. O batismo... 91
2. A confirmação... 93
3. A eucaristia.. 95
4. A ordem 100
5. O matrimônio 102
6. A penitência... 105
7. A unção dos enfermos 115

CONCLUSÃO. CELEBRAR E PEDIR A CURA NA ATUALIDADE 125

PRÓLOGO

O homem é um ser maravilhoso e, ao mesmo tempo misterioso. Em si mesmo encerra uma série de potencialidades, ainda desconhecidas em plenitude, que o levam a experimentar forças e efeitos não totalmente explicáveis nem controláveis. Assim sucede com a eficácia curadora e com os efeitos curativos que podem produzir a recepção e a participação nos sacramentos e nas celebrações litúrgicas da Igreja.

Por outra parte, cada homem revela-se com uma totalidade complexa e inter-relacionada de diversos elementos ou dimensões: a física, a psíquica, a relacional, a social, a moral, a espiritual. De fato, qualquer causa que comova ou afete uma dessas dimensões comunica-se com as outras e nelas repercute.

Além do mais, mostra-se muito difícil determinar até que ponto, em que condições e com que efeitos se produz tal repercussão multilateral. Se a isso acrescentamos que a causa ou elemento desencadeador de tais efeitos pode ser a celebração de um sacramento ou a participação em um rito litúrgico, a dificuldade se incrementa devido à desproporção entre o que se faz e o que se celebra e aquilo que se experimenta.

Com efeito, um sacramento ou um rito não são um medicamento curativo nem uma medicina mágica. Trata-se de sinais externos sagrados que remetem à presença salvadora do Deus invisível, atualizam-na e nos fazem participantes nela, presença que, para os crentes, atua de modo misterioso e soberanamente livre, transmitindo-nos sua vida. Mas como constatar que a presença atuante de Deus cura? Como saber até que ponto a graça, dom sobrenatural, afeta o bem-estar físico? Em que medida depende da disposição e da atitude do sujeito? Podem o consolo e a fortaleza espirituais sanar a tristeza e a fragilidade corporal? Nas páginas que se seguem não pretendemos nem dar uma resposta plena a estas interrogações, nem oferecer uma visão "carismática", nem prometer curas mágicas ou efeitos milagrosos, nem mesmo apresentar os sacramentos como alternativa à medicina científica. Nosso objetivo consiste em destacar a dimensão sanante ou curativa que tanto a Escritura como a tradição da Igreja e o magistério atual reconhecem nos sacramentos, sempre que celebrados e recebidos com boa disposição e fé viva na ação salvadora de Deus onipotente, de Cristo "médico integral" e do Espírito vivificador.

Cremos que a cura física, o sanar anímico e a salvação espiritual se inter-relacionam de modo especial nos que vivem em sua totalidade de dimensões, como pessoas crentes, a verdade e o mistério dos sacramentos e das celebrações litúrgicas da Igreja.

INTRODUÇÃO

Um dos bens mais apreciados e preciosos para os seres humanos é a saúde. Por ela nos esmeramos, nos cuidamos, nos alimentamos e nos medicamos, fazemos exercícios físicos e procuramos todo tipo de bem-estar. Mas, contraditoriamente, também abusamos dela devido aos excessos aos quais submetemos nosso corpo e o dos outros, ao ambiente não saudável e às relações não humanas, ao egoísmo e à injustiça. Nem o meio da própria corporeidade como integrado na totalidade pessoal, nem o meio relacional ou social enquanto âmbito de convivência amável, nem o meio ambiental enquanto contexto criatural que nos envolve são totalmente saudáveis. Mais ainda, com frequência manifestam-se como meios enfermiços. O abuso dos bens da criação está produzindo enfermidades ambientais; a mudança climática e a deterioração da natureza causam efeitos devastadores em todos os níveis; os excessos no consumo de alimentos, do álcool, das drogas, das diversões... provocam diversos tipos de doenças; a pobreza e a fome, a falta de higiene e a exploração, a violência e a guerra originam tantas outras situações de enfermidade. Entende-se, pois, a grande preocupação manifestada em nível mundial quando se propõem os "objetivos do desenvolvimento para o atual milênio"[1].

Por outro lado torna-se evidente que os avanços em tecnologia, na medicina especializada, em instituições e na prestação de serviços são enormes e contribuem com grandes

---

[1] Cf. Organização Mundial da Saúde, *Informe sobre a saúde no mundo 2004: Mudemos o rumo da história*, Genebra 2004.

vantagens para a cura de enfermidades e em relação à saúde. Contudo, junto com essa série de progressos, detectam-se uma desigual repartição desses meios e, inclusive, uma injusta discriminação, já que persistem amplas áreas do mundo nas quais o povo carece dos serviços básicos de saúde ou não pode adquirir produtos sanitários devido aos elevados preços. A situação resultante de tudo isso pode ser resumida do seguinte modo, como faz o Conselho Mundial de Igrejas:

> Hoje em dia, em nosso mundo globalizado e altamente comercial, o povo não está muito mais sadio, nem as pessoas nem as comunidades, apesar dos muitos progressos da medicina preventiva e dos meios terapêuticos: muitas pessoas não têm acesso a uma atenção médica exequível. Enquanto as enfermidades que se pode prevenir continuam constituindo um grave problema em muitas partes do mundo, as enfermidades crônicas, relacionadas em muitos casos com os modos de vida e o comportamento, estão aumentando e causam graves sofrimentos em todo o mundo. Reconhece-se hoje em dia que está crescendo o número de pessoas com enfermidades mentais. Os custos da atenção médica aumentaram para níveis proibitivos, o que faz que muitos não disponham da tecnologia necessária e que os sistemas médicos cheguem a ser insustentáveis. A alta tecnologia tem um aspecto desumano que faz as pessoas sentirem-se isoladas e separadas. Na medicina moderna considera-se a morte como um fracasso que se combate agressivamente, até o ponto de o povo não poder morrer com dignidade.[2]

A tudo isso é preciso acrescentar a superioridade de uma concepção da saúde e da enfermidade como equilibrado funcionamento da fisiologia humana e como disfunção

---

[2] Conselho Mundial de Igrejas. Documento preparatório 11: *La misión de sanación en la Iglesia*, n. 12.

INTRODUÇÃO

identificável de tal fisiologia, respectivamente. Tais conceitos baseiam-se em uma visão ilustracionista e cientificista que em grande parte ignora outros aspectos da pessoa integralmente considerada. Diante disso ressalta-se uma proposta mais holística da saúde e da enfermidade, a qual sustenta que estas não são fenômenos meramente fisiológicos que só requerem um tratamento médico-técnico, mas sim que abrangem dimensões políticas, sociais, econômicas, culturais, relacionais, morais e espirituais que reclamam igualmente uma atenção para a cura física e anímica da pessoa total.[3]

A questão que nos propomos é a seguinte: o que pode a Igreja (as Igrejas) oferecer diante dessa situação? Como pode colaborar para uma verdadeira cultura da saúde e promover um estilo de vida sadio? Mais ainda, como podem contribuir para isso sua oração e sua celebração, seus ritos e seus sacramentos? Que tipo de "medicina" e de cura é o seu? Em que nível e em que condições pode ocorrer por tais meios uma cura? Partindo da situação descrita e destas interrogações, propomo-nos seguir um percurso diacrônico sobre a interpretação terapêutica e curativa que a Igreja atribuiu sempre aos sacramentos, em especial a alguns deles, como o batismo, a eucaristia, a penitência e a unção. Em seguida abordaremos de modo "sincrônico" a validez e o sentido dessa função curativa na atualidade, a fim de assinalar as possibilidades reais de uma valorização equilibrada que, em seu próprio nível, contribua para uma promoção da saúde. Em definitivo, trata-se de ver como a liturgia e os sacramentos podem contribuir para uma evangelização da cultura da saúde, atualizando a cura física, a cura anímica e

---

[3] De alguma maneira, isto é o que pretendia ressaltar a Organização Mundial da Saúde em 1946, quando definia a saúde como "um estado de perfeito bem-estar físico, mental e social, e não só a ausência de enfermidade".

a salvação do próprio Cristo, e ajudando a viver a saúde e a enfermidade sob um sentido novo que o Senhor mesmo nos transmitiu com sua palavra e seu exemplo, com sua vida, sua missão e seu mistério.[4]

---

[4] Uma bibliografia básica sobre este tema tem de integrar títulos como: R. A. Lambourne, *Le Christ et la santé*, Paris 1972; D. Borobio, "La unción de enfermos", em Id. (ed.), *La celebración en la Iglesia II. Sacramentos*, Salamanca 1988, 653-744; Id., *El sacramento de la unción*, Madrid 1986; Id., *La unción de enfermos, un sacramento olvidado?*: Imágenes de la fe 382 (2004); AA. VV., *Celebrar la vida*: Labor hospitalaria 4 (1993) 231-330; AA. VV., *Pastoral de la salud. Acompañamiento humano y sacramental*, Barcelona 1993; AA. VV., *El Dios cristiano y el misterio de la enfermedad*, Salamanca 1996; Departamento de Pastoral de la Salud, *Iglesia y salud*, Madrid 1995; J. C. Larchet, *Teologia della malattia*, Brescia 1993; C. Vendrame, *Los enfermos en la Biblia*, Madrid 2002; P. D. Betancourt, *Os sacramentos, fontes de cura*, Lisboa 1995; J. A. Pagola, *Es bueno creer*, Madrid 1996; AA. VV., *Liturgie e terapia. La sacramentalità al servizio dell'uomo nella sua interesa*, Padova 1994; AA. VV., *Misión sanante de la comunidad cristiana*, Estella 2003; Conferência Mundial sobre Missão e Evangelização, *Vem, Espírito Santo, cura e reconcilia*, Atenas, 9-16 de maio de 2005; A. Uribe, *Y curó toda enfermedad*, México DF. Quanto aos documentos oficiais da Igreja, destacamos: *Ritual de la unción y de la pastoral de enfermos*, Prenotandos, Madrid 1974; *Catecismo de la Iglesia católica*, Madrid 1992, 1420ss e 1500ss. Outros documentos importantes de João Paulo II: *Familiaris consortio* (1981); *Christifideles laici* (1988), 54; *Salvifici doloris* (1984). De grande interesse se reveste a instrução da Congregação para a Doutrina da Fé *Sobre as orações para obter de Deus a cura*, Roma 14-9-2000.

SINAIS DE CURA NO ANTIGO TESTAMENTO

O Antigo Testamento participa das concepções e dos procedimentos curativos do mundo cultural do Antigo Oriente. Por isso, nas Sagradas Escrituras aparecem as concepções predominantes em seu tempo: a relação da enfermidade com as forças demoníacas, com o pecado humano e com o castigo divino. Não obstante, destaca também a originalidade da Bíblia, que manifesta uma concepção mais integral da pessoa (corpo-espírito), na qual contempla a enfermidade desde a perspectiva religiosa e não a partir da ciência médica, relaciona a cura com a intervenção histórica e salvadora de Deus, responde ao mistério da enfermidade e do mal com a fé confiante no mistério, na misericórdia e na justiça divinas, cujos espaços e tempos de cumprimento não se limitam aos dos homens (cf. Jó 42,4; Sl 43; Is 26,19; 29,18; Jr 36,6; Dn 12,1ss; Sb 2–5; 2Mc 7,9-23), e interpreta a enfermidade desde a promessa e a esperança em uma libertação messiânica que se cumprirá no "dia de Javé" (Is 52,13–53,12).[1]

Se bem que seja certo que o povo de Israel vive a enfermidade diante de Deus – verdadeiro "médico" do homem (Ex 15,26) – e diante de suas promessas de salvação e de libertação, nem por isso deixa de recorrer a meios caseiros e naturais, comuns em seu contexto cultural. Destacam-se entre eles o emprego das plantas e, especialmente, a utilização do óleo ou azeite (Is 1,6; 7,20), ao qual se atribuem diversos significados e

---

[1] Cf. R. A. Lambourne, *Le Christ et la santé*, 59ss; J. C. Larchet, *Teologia della malattia*, 11ss.

qualidades. Assim, o azeite em seu uso cotidiano é símbolo de alimento e prosperidade, de alegria e hospitalidade, de beleza e festa (Dt 11,14; 27,9; Os 2,24; Ez 16,9; Sl 12,3; 22,4; 44,8; 132,2). Além do mais, tem um significado consecratório, já que se utiliza para a consagração de altares e de objetos (Lv 10,8; Ex 20,22), para a consagração de sacerdotes, de profetas, de reis (Lv 4,5; 8,12; Is 61,1; 1Sm 10,1; 1Rs 1,39), e, sobretudo, para significar o futuro Messias ou Ungido (Is 61,1ss; Lc 24,26; At 2,36; Hb 1,9). Por último, ao azeite se atribui um significado medicinal ou curativo, pois se aplica aos enfermos, aos leprosos e a todas aquelas pessoas afetadas por pragas ou enfermidades da pele (Is 1,6; Ez 16,9; Jr 8,22; Lv 14,10-32). Neste contexto é preciso entender as unções que Jesus realiza e ordena praticar (cf. Mc 6,13; Tg 5,14-16; Lc 10,34).

Aqui também deve-se recordar aqueles sinais de cura física e interior que se verificam no povo de Israel e que têm a ver com as diversas formas penitenciais que se praticavam. Referimo-nos aos ritos pelos quais as pessoas individuais e a própria comunidade buscam a reconciliação e o perdão, a paz e a justiça, a renovação da fidelidade à aliança e da solidariedade no meio do povo escolhido. Seja suficiente uma breve referência a essas formas de penitência, tendo em conta a distinção entre diversos tipos de pecado (cf. Nm 15,22-31; Lv 4,2.13.22.27): o "pecado de inadvertência" (involuntário e inconsciente), o "pecado voluntário" (realizado com plena consciência) e o "pecado de mão alçada" (que supõe contumácia, rebelião e lesão séria da vontade de Deus e da lei de Israel).[2] A cada um destes pecados corresponde um modo de expiação ou penitência, segundo nos indica a Escritura:

---

[2] Cf. L. Ligier, *Peché d'Adam et peché du monde*. Bible, Kippur, Eucharistie, Paris 1961. Cf. G. Quell, *Die Sünde im Alten Testament*, em TWNT I, 267-288; W. Grundmann, *Die Sünde im Neuen Testament*, em TWNT I, 305-320; P. Schoonenberg, *Theologie der Sünde*, Ensiedeln 1966. Para mais detalhes, cf. D. Borobio, *El sacramento de la reconciliación penitencial*, Salamanca 2006, 79-84.

Os dois primeiros tipos de pecado são expiados e perdoados por meio da confissão do pecado (Lv 5,5; Nm 5,6) que se pode fazer diante de outro (Davi diante de Natã: 2Sm 12,13), ou, então, em uma liturgia penitencial (Es 10,1-6; Ne 9) confessando 'em comum' os pecados. Também se expiam estes pecados por meio das obras externas de penitência, como o jejum (Jl 2,15-17), a oração (Es 9,6-13; Ne 9,31-37), dormir no chão (2Sm 12,16-17), vestir-se de saco e cinza (Dn 9,3), gemer e chorar (Br 1,5). Igualmente se expiam por meio dos diversos tipos de sacrifício comum (holocausto, oferenda, comunhão, expiação, penitência: Lv 1–5) ou de sacrifícios mais solenes (Ex 32,20; Nm 17,11-12), entre os quais destaca-se o "rito ou festa anual de expiação", chamado *Yom Kippur* (Lv 16,20-34).[3]

As *liturgias penitenciais* são frequentes em Israel, sobretudo antes do exílio. Celebram-se quando o povo sofre uma desdita (guerra, epidemia, seca, peste, praga) que se considera efeito da cólera e do castigo divinos (cf. Dt 19,18-25; 1Rs 8,33-53; Is 52,2; Jr 36,6-9). Por isso se convocam dias de jejum e lamentação, tanto coletiva como individual (Ez 27,28-32; Jl 1–2; Sl 50; 78; 79). Ritos próprios da liturgia penitencial são: o jejum, o rasgar as vestes, vestir-se de saco, rapar a cabeça, cobrir-se de cinzas, chorar e lamentar-se, clamar a Javé e toda espécie de sacrifícios (cf. 1Sm 7,5-12; Jl 2,12-17).[4] Por estas práticas, sempre que coadjuvem na conversão do coração, o povo encontra a reconciliação e a paz.[5]

---

[3] Cf. E. Lipinski, *La liturgie pénitencielle dans la Bible*, Paris 1969; G. von Rad, *Teología del Antiguo Testamento I*, Salamanca 1972, 331-342; M. Arranz, *La liturgie pénitencielle juive aprés la destruction du temple*, em AA. VV., *Liturgie et rémission des péches*, Roma 1975, 39-58; F. Manns, *La prière d'Israel à l'heure de Jesus*, Jerusalém 1986.

[4] Cf. A. Ibáñez Arana, *Penitencia y reconciliación en Israel*, 41-51; L. Moraldi, *Espiazione sacrificiale e riti espiatori*, Roma 1965, 220ss.

[5] Cf. C. Giraudo, *Confessare il Signore: la preghiera penitenciale di Ne 9*, em AA. VV., *Insegnaci a pregare*, Bologna 1980, 36ss.

A festa anual de expiação ou *"Yom Kippur"*. Os "pecados de mão alçada" (blasfêmia, idolatria, adultério, homicídio: Lv 24,10-16; Ex 22,19; Lv 18,6-29; Ex 21,12), que implicam a "exterminação" ou a "excomunhão", devido à sua gravidade (Ex 12,15; Lv 7,25-26; 18,6-29; Nm 15,30-31), exigem outro meio mais solene e eficaz para seu perdão. O castigo por estes pecados mais graves é diverso segundo os casos; vai desde a pena de morte e a lapidação até a excomunhão por um tempo determinado (Dt 13,2-19; Lv 20). A festa anual de expiação ou *Yom Kippur* é o sinal máximo de reconciliação para o povo inteiro e inclui também um rito simbólico de "excomunhão", que consiste na imposição das mãos sobre um bode e seu envio ou expulsão para o deserto, levando consigo as iniquidades do povo.[6] Trata-se do dia penitencial por excelência e de uma das festas mais importantes do calendário hebraico.[7]

Cremos que estes são os sinais mais importantes da cura física e espiritual presentes no povo de Israel. Outros sinais, aos quais também se poderia atribuir este significado de modo mais indireto, são, em primeiro lugar, a celebração da Páscoa, com a renovação da aliança e a memória atualizadora do grande acontecimento da libertação da escravidão no Egito, prelúdio da celebração da Páscoa eucarística; e, em segundo lugar, a circuncisão como "sinal sacramental" que serve para os judeus exprimirem sua identidade e sua pertença ao povo judeu, mas também sua purificação pela fé e pela fidelidade à aliança e à promessa de salvação futura, prelúdio da purificação batismal e da pertença ao novo povo da aliança.[8]

---

[6] Cf. R. De Vaux, *Instituciones del Antiguo Testamento*, Barcelona 1976, 636-640.

[7] Cf. G. Deina, *Il giorno dell'espiazione. Il kippur nella tradizione biblica*, Supplementi alla Rivista Biblica 30, Bologna 1995; S. Spadafora, *Espiazione (giorno della)*, em Id., *Dizionario biblico*, Roma 1955, 221.

[8] Trataremos mais adiante destes aspectos, ao estudar a dimensão sanante do batismo e da eucaristia.

MINISTÉRIO DE CURA EM JESUS

O ministério sanante de Jesus deve ser entendido em um duplo contexto: o da concepção e da prática do povo judeu, tal como aparece no Antigo Testamento, e o do mundo greco--romano, no qual existiam médicos populares e ambulantes que viviam de seus discursos e de suas práticas medicinais.[1] Não obstante, no Novo Testamento encontram-se muito poucas referências a médicos ou medicinas (cf. Mc 5,26; Lc 8,43; Cl 4,14). Em troca, as curas e intervenções de Jesus sobre as enfermidades e os enfermos de todo tipo[2] são numerosas, assumindo assim a figura do Messias e do Servo libertador de enfermidades e dores, anunciada pelos profetas (cf. Is 35,5-6; 61,1-3; Jr 33,6). Esta é a obra que Cristo vem realizar e a missão que vem cumprir com suas palavras e obras, como se afirma expressamente em sua resposta ao interrogatório dos discípulos do Batista: "Sois vós aquele que deve vir ou devemos esperar outro?" (Mt 11,3). "Ide e contai a João o que ouvistes e o que vistes: os cegos veem, os coxos andam, os leprosos são limpos, os surdos ouvem, os mortos ressuscitam, o Evangelho é anunciado aos pobres. Bem-aventurado aquele para quem eu não for ocasião de queda" (Mt 11,4-6). E Jesus acrescenta: "Hoje se cumpriu este oráculo que vós acabais de ouvir" (Lc 4,21).

---

[1] Cf. H. Clark Kee, *Medicina, milagro y magia en tiempos del Nuevo Testamento*, Córdoba 1992.

[2] Estas são as enfermidades a que se alude no Novo Testamento: febre, doenças da pele, úlceras e gangrenas, reumatismos, hemorragias, hidropisia, diarreia, dores de estômago, afecções nervosas ou lunáticas, convulsões, possessões demoníacas, desarranjos funcionais em diversos órgãos: coceira, surdez, cegueira, mudez, paralisia...

1. Atitudes e atuação de Jesus com os enfermos

A atitude e a atuação de Jesus com os enfermos aparecem marcadas por várias notas fundamentais que se expõem a seguir. Jesus se distancia das interpretações tradicionais, reinterpretando-as. Assim, não aceita uma relação causal entre doença e pecado (por exemplo, na cura do cego de nascença: Jo 9,1-41), nem mesmo admite que a desventura ou enfermidade seja manifestação evidente de um castigo de Deus (por exemplo, a matança dos galileus: Lc 13,1-5), nem que exista uma relação direta e imediata entre as forças maléficas ou demoníacas e a enfermidade (por exemplo, na expulsão de demônios: Mt 8,28ss; Mc 5,1-20; Lc 8,26-39).

Jesus assume uma função profética (como Elias ou Eliseu) para com os enfermos e as enfermidades. Para isso, coloca o centro de sua função curadora não na utilização de medicinas ou técnicas, mas na cura dos mais pobres e marginalizados (leprosos, pecadores), dos excluídos e estrangeiros (a viúva de Sarepta, a filha do centurião), e sempre superando a prescrição da lei, que proíbe curar em dia de sábado (Mc 3,1-6). "Com o poder do Espírito Santo, Jesus de Nazaré foi curador, exorcista, mestre, profeta, guia e inspirador. Trouxe e ofereceu a libertação do pecado, do mal, do sofrimento, da fragilidade, da enfermidade, da ruptura, do ódio e da desunião (Lc 4,16ss; Mt 11,2-6)"[3].

A medicina especial que Jesus emprega é a de sua atitude misericordiosa para com os enfermos, mais além do estabelecido pela lei. Ele se aproxima dos que sofrem doenças, acolhe-os, escuta sua súplica, consola-os, toca-os e lhes impõe as mãos; ele os unge – por isso manda que os unjam –, vê seu interior e sua fé, cura-os em seu corpo e também em seu espírito, desperta neles a confiança radical na chegada do Reino, perdoa-os e os reintegra à vida comunitária e social. Jesus se comove acolhendo, transmite a fé e a salvação curando, sara perdoando.

---

[3] Conselho Mundial de Igrejas, *La misión de sanación en la Iglesia*, n. 37.

Por isso pode-se dizer que Jesus atua como verdadeiro "médico", que cura eficazmente (cf. o bom samaritano) e integralmente (cf. o paralítico). Nele e por ele "curar, sanar, salvar e dar a vida" realizam-se de modo integral e completo (Lc 4,18; Mt 11,4-6). Mais ainda, Jesus identifica sua atividade com a do médico, cuja função se ordena à cura dos enfermos: "Os sãos não precisam de médico, mas os enfermos; não vim chamar os justos, mas os pecadores" (Mc 2,17). Trata-se de uma função que Jesus cumpre com sua pregação e com seus sinais. Por isso pode-se afirmar que Jesus é verdadeiro "médico"; ainda que seja um médico especial.

Contudo, Jesus realiza sua mais plena ação curadora quando descobre o sentido da enfermidade e da dor em sua paixão, morte e ressurreição (o mistério pascal). Sendo o justo sofredor por antonomásia, cumpre a profecia da libertação de todo mal e todo sofrimento. Jesus inverte o sentido cego da enfermidade e da dor mediante o amor redentor; ele oferece sua vida como meio de uma comunhão e uma aliança novas com Deus; ele entrega sua vida na cruz como ato de serviço e solidariedade radical para com todos os sofredores deste mundo.

Por isso é preciso afirmar que a atividade curativa e sanante de Jesus se orienta à culminação de seu ministério na cruz. Sua morte na cruz é reconciliação (2Cor 5) e ao mesmo tempo contestação de todo sofrimento inútil (Mc 15,34). É vitória sobre o pecado e o mal. "Ressuscitando Cristo, Deus reivindicou seu ministério e lhe deu um significado perene. A cruz e a ressurreição de Cristo afirmam que o poder curador de Deus não fica separado nem acima da realidade do sofrimento humano e da criação, levando luz e esperança até os últimos rincões de escuridão e de desespero".[4]

---

[4] *Ibid.*, n. 39.

2. Interpretação das curas físicas e anímicas de Jesus

A partir dessas chaves de sentido, devemos ler e interpretar as "curas" de Jesus, das quais tão abundantemente nos fala o Novo Testamento.[5] Como contexto de interpretação pode-se ter em conta alguns dos aspectos seguintes:

É necessário evitar, entre os possíveis extremos, a fixação quase exclusiva nas curas como elemento apologético (apologética clássica); a qualificação das curas como simples lendas (R. Bultmann); a consideração de que a chave de sentido se encontra em uma leitura psicológica, pela angústia que o homem sente diante da enfermidade e da morte (E. Drewermann).[6]

A amplitude do fenômeno curativo em Jesus (vinte e cinco curas entre trinta e dois milagres) dá fé da importância que se lhes atribui, destacando a conexão permanente entre anúncio, presença do Reino e atividade taumatúrgica. Talvez tenha podido ocorrer alguma "amplificação do fenômeno" na Igreja primitiva, mas ninguém duvida de que Jesus realizou este tipo de obras; não sem razão, as curas figuram em todos os sumários de sua atividade como sinais dignos de crédito da verdade messiânica (Mt 11,2-6; Lc 7,18-23).

No contexto cultural de cura física e anímica do tempo de Jesus, pode-se distinguir três âmbitos: o popular (família e vizinhos), por ser o primeiro lugar onde se começa a tratar o enfermo e sua enfermidade; o profissional (médicos e instituições), muito pouco desenvolvido nos tempos de Jesus e baseado em discursos e artes de cura; e o étnico, que integra algumas medicinas alternativas e é exercido pelos curandeiros

---

[5] R. A. Lambourne, *Le Christ et la santé*, 59ss; R. Fabris, *I miracoli di Gesù. I suoi riti di guarigione e la predicazione del regno di Dio*, em AA. VV., *Liturgia e terapia*, Padova 1994, 54-85, com abundante bibliografia.

[6] E. Drewermann, *Das Markusevangelium. Bilder von Erlösung*, Olten-Freiburg 1987-1988. O autor procura oferecer uma interpretação das curas a partir da psicologia.

populares. É neste âmbito que se deve situar a atividade terapêutica de Jesus, com a originalidade profética já assinalada (Elias, Eliseu).

Os evangelhos sinóticos coincidem em ressaltar a atividade curativa de Jesus com diversas ênfases.[7] Assim, Marcos ressalta o "poder" (*exousía*) com o qual Jesus cura em nome de Deus, libertando da enfermidade, do pecado, da exclusão social e reintegrando à comunidade (cf. Mc 1,4-45; 2,1-12; 5, 1-20; 5,25-34; 7,24-30; 8,22-26). Mateus une mais estreitamente o Jesus pregador com o Jesus taumaturgo, destacando uma cura integral de corpo e alma (Mt 4,23-24). Lucas, por seu lado, relaciona a atividade de Jesus com o cumprimento das promessas da libertação anunciada por Isaías e com a misericórdia de Deus em favor dos que sofrem.

Mas os evangelistas coincidem em considerar as curas de Jesus como sinais de libertação messiânica, como meios privilegiados pelos quais se confirma a presença do Reino, como sinais que interpelam e despertam a fé em Jesus Messias, como sinais escatológicos de uma salvação em ato, que abrange o homem total: em seu corpo e em seu espírito, em sua fé e em sua esperança, na relação consigo mesmo e com os outros. Jesus é terapeuta porque cura o corpo, mas também porque cura o íntimo, o espírito, e porque salva. E o faz desafiando as normas estabelecidas – como as leis de pureza – e atendendo sempre ao homem em sua totalidade.[8]

Outro dado que convém destacar é o âmbito em que surgem as curas de Jesus. O taumaturgo de Nazaré leva à realização suas curas anímicas não no âmbito cultural do templo, mas no meio do mundo, em um contexto secular,

---

[7] A. Dermience, *Les récits de guérisons dans les évangiles synoptiques*: La foi et le temps 3 (1994) 197-216.
[8] Cf. M. Navarro Puerto, *La terapia de Jesús: un milagro público. Relatos de curación en Marcos*: Vida religiosa 1 (1997) 45-55.

no grande templo da criação. Sua atitude não é redutora nem discriminatória, mas universalista. Ele veio para curar todos, não só alguns privilegiados. Por isso antepõe o cumprimento da vontade salvadora e a atenção ao necessitado às prescrições da lei (por exemplo, a cura do paralítico na piscina probática: Jo 5,9ss; 7,22-23). A cura é, pois, sinal de contestação diante da escravidão da lei.[9]

---

[9] Cf. M. Gesteira, *"Christus medicus"*. *Jesús ante el problema del mal*: Revista española de teología 51 (1991) 253-300, aqui 226-227.

CONTINUAÇÃO DA MISSÃO CURADORA DE JESUS NA COMUNIDADE APOSTÓLICA

Jesus veio para curar e salvar não só os homens de sua geração, mas os homens de todos os tempos. Por isso quer que sua missão continue, no Espírito e por meio dos apóstolos e de seus seguidores, ao longo da história. O poder curador de Deus, manifestado em Jesus, transcende todos os limites de tempo e de lugar e atua dentro e fora da Igreja cristã, transformando a humanidade e a criação na perspectiva do mundo que há de vir.[1]

Jesus dá a seus apóstolos poder sobre os espíritos imundos e sobre toda enfermidade (Mc 3,15; 6,7; Mt 10,1.8; Lc 9,1-6). Trata-se de um poder que tem sua origem no próprio Cristo e que continua pelo Espírito. Expulsar demônios e curar enfermidades são duas realidades idênticas, com semântica diferente. Estão unidas ao anúncio e à pregação, à atitude de fé e confiança neste poder, como sucedia em Jesus.[2]

Trata-se de uma missão que Jesus manda cumprir antes e depois de sua ressurreição. *Antes*, ao longo de sua vida pública, por ocasião do primeiro envio dos apóstolos: "Eles partiram e pregaram a penitência. Expeliam numerosos demônios, ungiam com óleo a muitos enfermos e os curavam" (Mc 6,12-13; Mt 10,7-8; Lc 9,2-6). Percebe-se que o fundamental

---

[1] Cf. A. Langella, *La funzione terapeutica della salvezza nell'esperienza della Chiesa: sguardo diacronico e riflessione sistematica*, em AA. VV., *Liturgia e terapia*, Padova 1994, 86-138.

[2] R. De Zan, *Il potere di guarigione della malattia e di liberazione dagli spiriti immondi*: Rivista liturgica 5 (1994) 593-613.

é o anúncio do Reino para a conversão. As curas que o acompanham são obras que confirmam e testemunham a presença operante do Reino. Neste caso se diz que vão acompanhadas pelo sinal da unção, mas isso não significa que tal sinal esteja sempre presente. *Depois* da ressurreição e da ascensão, por um mandato especial do próprio Ressuscitado: "Ide por todo o mundo e pregai... Estes milagres acompanharão os que crerem: expulsarão os demônios em meu nome, falarão novas línguas, manusearão serpentes e, se beberem algum veneno mortal, não lhes fará mal; imporão as mãos aos enfermos e eles ficarão curados" (Mc 16,15.17-18). Trata-se de uma missão em cujo cumprimento não faltarão a ajuda e a presença ativa do Senhor; uma missão que implica a repetição de alguns sinais realizados pelo próprio Cristo (exorcismos, imposição de mãos), em relação à confirmação na fé e à salvação integral das pessoas.

Cumprindo esta missão, a comunidade apostólica continua a obra de cura física e anímica de Cristo, como confirmam o livro dos Atos dos Apóstolos e os escritos de Paulo. Os diversos sumários de cura que nos transmite o livro dos Atos manifestam esta dinâmica: o poder vem sempre de Cristo, que recomendou esta missão a seus discípulos, e se realiza no Espírito; isto sucede pela pregação, que é confirmada também com sinais de cura; estes sinais são acompanhados da oração (At 9,40), da imposição de mãos (At 9,17; Mc 16,18), do contato com a pessoa ou suas vestes (At 3,3-7; 5,15; 9,12); e as consequências que derivam para os apóstolos são, às vezes, as mesmas que para Jesus: a acusação, a perseguição, o cárcere (At 3,1-26).

Paulo, por seu lado, também refere-se a estas curas e a estes prodígios, colocando a ênfase no poder e na ação do Espírito e na palavra de conversão que prega (cf. Rm 15,18ss; 1Cor 2,4; 2Cor 12,12). São prodígios que também realizam alguns membros da comunidade que receberam o "carisma de cura" e realizam obras com o poder de Deus (1Cor 12,9.28.30). Junto com este dom, deve-se enumerar o carisma do consolo e do cuidado pastoral daqueles cujo sofrimento parece não ter fim, o carisma do exorcismo para expulsar espíritos malignos, o carisma da sabedoria e do conhecimento, o carisma do perdão e da reconciliação... Paulo não enumera especiais ritos acompanhando essas intervenções.

Três são os *modos* que se pode distinguir no momento de prosseguir a missão curadora de Cristo na primeira comunidade:[3]

1. *Continuação de modo extraordinário,* pelas curas, das quais nos dão fé os Atos e as cartas (cf. At 2–3). Esta continuação extraordinária e carismática não deve ser considerada um privilégio só da primitiva comunidade. Em princípio, deve poder ocorrer em todos os tempos, apesar de o discernimento sobre quando e como acontece realmente mostrar-se difícil. Se pertence à essência da missão de Cristo, deve fazer parte também da essência e da missão da Igreja, continuadora na força do Espírito daquela missão encomendada pelo próprio Senhor. E, embora nem todos tenham recebido de modo extraordinário esta graça de cura física e espiritual e a capacidade de intervir visando à cura de enfermidades e males, é claro que tais intervenções continuam acontecendo na atualidade de uma ou de outra forma e por todos os lugares. Assim o reconhecem as Igrejas e o movimento carismático. Assim o proclama a Igreja católica, reconhecendo sua própria experiência histórica.[4] O novo *Catecismo* afirma: "O Espírito Santo dá a algumas pessoas

---

[3] Cf., sobre tudo isto, D. Borobio, *Unción de enfermos*, em Id. (ed.), *La celebración en la Iglesia II*. *Sacramentos*, Salamanca 1988, 689ss.

[4] Conselho Mundial de Igrejas, Conferência mundial sobre missão e evangelização, *Vem, Espírito Santo, sana e reconcilia*, Atenas 9-16 de maio de 2005; Congregação para a Doutrina da Fé, *Instrucción sobre las oraciones para obtener de Dios la curación*, 14-9-2000.

um carisma especial de cura para manifestar a força da graça do Ressuscitado. Todavia, mesmo as orações mais intensas não conseguem obter a cura de todas as doenças"[5]. Por isso mesmo, também pertence à essência da Igreja viver e atuar como uma comunidade de cura espiritual e física, discernir, reconhecer e fomentar os carismas de cura, como sinais visíveis no mundo atual da presença atuante do Reino.

2. *Continuação de modo comum,* pelas atitudes e atividades curativas de tantas pessoas que, entregues à atenção e ao serviço aos enfermos e necessitados de todo tipo, exercem seus dons, seus carismas e sua vocação de uma ou de outra forma. Assim o indica Paulo quando se refere aos diversos dons que se exercem a serviço dos enfermos e para a edificação da comunidade cristã na caridade (1Cor 12,7-9.28-30). Assim o interpreta a comunidade ao colocar em prática a visita aos enfermos (estive "enfermo e me visitastes": Mt 25,36), ao atender aos órfãos e às viúvas (Tg 1,27; At 6,1-2), ao entender que devem ajudar-se a viver a enfermidade e os sofrimentos à luz da cruz de Cristo (2Cor 1,5-6; Cl 1,24). E assim também procurou colocá-lo em prática a Igreja ao longo de sua história, criando lugares e centros de acolhida e atenção aos enfermos (valetudinária, *xenodokion, domus languentium,* enfermarias das catedrais e dos mosteiros), fundando ordens hospitalares e militares, confrarias, ordens religiosas (João de Deus, Vicente de Paulo, Filhas da Caridade, Irmãzinhas dos Pobres, Irmãzinhas de Santa Ana...) e numerosos hospitais, leprosários, asilos, sanatórios, cotolengos etc. Milhares de religiosos, religiosas, sacerdotes e seculares dedicaram e dedicam sua vida, no passado e na atualidade, ao serviço aos enfermos. Todos eles prestam um serviço social incomparável, visto que

---

[5] *Catecismo da Igreja católica,* n. 1508 [aqui e nas outras citações deste documento faço transcrição da 10ª edição em português do *Catecismo,* São Paulo, Loyola 2000; N. do trad.].qw

colocam em prática a continuação comum do ministério de Jesus com os enfermos.[6]

3. *Continuação de modo sacramental*, por aquele sinal da unção que, interpretando e aplicando o ministério de Jesus com os enfermos, colocou em prática e promulgou o apóstolo Tiago: "Alguém entre vós está triste? Reze. Está alegre? Cante. Está alguém enfermo? Chame os sacerdotes da Igreja, e estes façam oração sobre ele, ungindo-o com óleo em nome do Senhor. A oração da fé salvará o enfermo, e o Senhor o restabelecerá. Se ele cometeu pecados, ser-lhe-ão perdoados. Confessai os vossos pecados uns aos outros, e orai uns pelos outros para serdes curados" (Tg 5,13-16).

Sem pretender ver no texto de Tiago todos os aspectos da celebração atual do sacramento, é claro que se trata de uma intervenção *sacramental* da Igreja primitiva, na qual os *presbíteros*, por meio da oração e da unção com óleo, invocam a intervenção de Deus para a saúde e a salvação plena do enfermo. É o rito próprio que recebeu a Igreja em favor dos enfermos, que foi atestado por Tiago e ao qual a tradição reconheceu como um dos sete sacramentos.[7] Sua finalidade é o fortalecimento no Espírito e a cura integral em corpo e alma, atualizando a graça de Cristo médico e expressando a solidariedade da Igreja.

---

[6] Cf. A. Borrás, *Los grandes jalones históricos de la presencia de la Iglesia en el mundo de los enfermos*: Pastoral hospitalaria 185 (1983) 145-148.

[7] Cf. *Catecismo da Igreja católica*, 1510; cf. H. Denzinger-P. Hünerman, *El magisterio de la Iglesia*, 216; 1324s; 1695s; 1716s.

SACRAMENTOS E CURA NA TRADIÇÃO DA IGREJA

Neste capítulo nos propomos estudar o caráter curativo que a tradição primeira atribuiu à unção com óleo bento para os enfermos e a importância que desempenhou na concepção e na prática com os enfermos a compreensão de "Cristo médico".

1. Caráter curativo da unção de enfermos

Ao longo da história, a Igreja relacionou os sacramentos com a cura física e espiritual.[1] Não podemos esquecer que o âmbito da interpretação continua a ser um contexto

---

[1] Dados sobre as principais fontes: a) O Novo Testamento: A. Oepke, *Nósos*, em ThWNT IV, 1084-1091; H. Greven, *Krankheit und Heilung nach dem NT*, Stuttgart 1948; J. Hempel, *Heilung als Symbol und Wirklichkeit im biblischen Schriftum*, Göttingen 1958; G. Crespy, *La guérison par la foi*, Neuchatel-Paris 1952; Id., *Maladie et guérison dans le Nouveau Testament*: Lumière et vie 86 (1968) 45-69; P. Fedrizzi, *L'Unzione degli infermi e la sofferenza*, Padova 1972; B. Maggioni, *Gesù e la Chiesa primitiva di fronte alla malattia*, em AA. VV., *Il sacramento dei malatti*, Torino 1975, 39-57; P. Mourlon-Beernaert, *Jésus-Christ et la santé. Le témoignage évangélique*: Lumière et vie 31 (1985) 275-288; R. A. Lambourne, *Le Christ et la santé*, Paris 1972; F. Mussner, *Der Jakobusbrief*, Freiburg 1967; J. Cantinat, *Les Épîtres de S. Jacques et de S. Iude*, Paris 1973; E. Cothenet, *La guérison comme signe du royaume: l'onction des malades (Sant 5,13-16)*, em AA. VV., *La maladie et la mort du chrétien dans la liturgie*, Roma 1975, 101-125; G. Marconi, *La malattia come "punto di vista": esegesi di Ge 5,13-20*: Rivista biblica 1 (1990) 57-72. b) Os Padres e a liturgia: C. Ruch-L. Godefroy, *Extreme-onction*, em A. Vacant-E. Mangenot, *Dictionnaire de Théologie catholique* V, Paris 1913, 1897-2022; F. Lovsky, *L'Église et les malades depuis le II' siècle jusqu'au début du XX'*, Thonon-Les Bains 1957; A. Chavasse, *Études sur l'onction des infirmes dans l'Église latine du III' au siècle I. Du III' siècle à la réforme carolingienne*, Lyon 1942; M. Nicolau, *La unción de los enfermos. Estudio histórico-dogmático*, Madrid 1965; C. Ortemann, *Le sacrement des malades*, Lyon 1971 (versão cast.: *El sacramento de los enfermos*, Madrid 1972); M. Ramos, *Perspectiva histórica de la doctrina sobre la unción de los enfermos*, em AA. VV., *Los sacramentos de los enfermos*, Madrid 1974, 41-64; Id., *Notas para una historia litúrgica de la unción de enfermos*: Phase 161 (1987) 383-402.

"sacro", no qual a pergunta principal não é tanto pelo "que" e pelo "como", mas sim pelo "por que" religioso da cura.[2] Resulta difícil distinguir e separar a dose de magia, de superstição e de lenda que pode haver nestes relatos antigos, bem como em muitos acontecimentos atuais. É-nos impossível determinar até onde vai o natural-psicológico explicável do homem, ou o escondido catalisador da natureza, e onde começam o extraordinário, o sobrenatural ou o milagroso. Não temos medidas exatas para determinar em cada um dos casos e situações o "onde", o "como" e o "quando" da intervenção extraordinária de Deus pela ação de quem possui este carisma de cura. Mas uma coisa é certa: torna-se totalmente coerente e até "exigido" que, dada a importância que este carisma teve em Cristo, seja também um elemento integrante da continuação do ministério da Igreja com os enfermos.

a) *Os ritos de cura*

Apesar de os diversos testemunhos nos falarem de distintos ritos de cura, o mais importante ao qual se referem é sem dúvida alguma a unção com óleo ou azeite. Tendo em consideração o sentido, a aplicação e a força vital-curativo--purificadora que se atribui ao azeite na Escritura,[3] e inclusive na Igreja primitiva, assinalam-se a seguir alguns aspectos que se deve ter em consideração:

– *No Novo Testamento*. Parece que Jesus utilizou com preferência o gesto da imposição de mãos na cura de enfermos. "Depois do pôr do sol, todos os que tinham enfermos de

---

[2] Cf. B. Maggioni, *Gesù e la Chiesa primitiva*, 39-41. Esta situação, com algumas mudanças menores, pode-se dizer que é comum tanto para o tempo de Jesus como para o da Igreja primitiva (até o século V).

[3] Cf. H. Schlier, *Aleipso*, em ThWNT I, 230ss; P. Vallini, *Le chrétien el l'huile sainte*: Christus 42 (1964) 153ss; B. Reicke, *L'onction des malades d'aprés Saint Jacques*: La Maison Dieu 113 (1973) 50-56; M. Romaniuk, *Unción en general y extrema-unción. Estudio bíblico y teológico*: Communio 5 (1983) 290-404; E. Cothenet, *Onction*, em DBS VI, 701 e 732, onde se afirma que o uso medicinal e inclusive estético-atlético do óleo oferecia uma base excelente para seu uso como rito de cura.

diversas moléstias lhos traziam. Impondo-lhes a mão, os sarava" (Lc 4,40; cf. Mc 1,40-41; 5,22-23; 5,41). Às vezes esta imposição vai acompanhada de um contato especial com os órgãos enfermos, como os olhos ou a língua (cf. Mc 8,22-26; Jo 9,6-7; Mc 7,32-36).

Quanto à unção mediante o óleo, embora não em todos os lugares em que se utiliza com os enfermos possa se falar de uma intenção exclusivamente curativo-corporal, ao menos é preciso incluí-la de forma especial. Em Marcos aparece com clareza a conexão direta entre o rito da unção com óleo e a cura dos enfermos, dentro de um contexto religioso e evangelizador mais amplo que supõe o chamado à conversão e a libertação de todo mal e do poder diabólico: "Eles partiram e pregaram a penitência. Expeliam numerosos demônios, ungiam com óleo a muitos enfermos e os curavam" (Mc 6,12-13). Mas o evangelista não reduz esta conexão à unção com óleo, visto que depois da ressurreição a estende também à imposição de mãos: "Imporão as mãos aos enfermos e eles ficarão curados" (Mc 16,18). Ambos os ritos, unção com óleo e imposição de mãos, parecem ter as mesmas função e força significante-curativas dentro de um contexto de missão e de evangelização libertadoras. Contudo, a unção manifesta melhor o aspecto curativo, e a imposição de mão expressa melhor a origem ou autoridade (Cristo) em nome da qual se cura. Ambos os ritos, não obstante, são complementares na mesma direção.[4]

Esta conexão entre unção e cura aparece também na Carta de Tiago, quando os presbíteros são convidados a orar sobre o enfermo e ungi-lo "com óleo em nome do Senhor. A oração da fé salvará o enfermo e o Senhor o restabelecerá" (Tg 5,13-16). Não é este o lugar para nos determos em uma exegese detalhada, realizada já por outros autores com mais

---

[4] De fato, esta relação entre os ritos tornou-se manifesta no novo ritual. Cf. *Ritual de la unción y de la pastoral de enfermos*, Madrid 1974, n. 139-140 e 143.

competência.⁵ Só queremos resumir o aspecto que nos ocupa neste momento. Por outra parte, parece clara aqui a união que Tiago estabelece entre o rito da unção e o efeito curativo, implicado nos verbos que emprega (salvar, levantar), segundo se depreende de seu sentido em toda a tradição bíblica. Ainda que estes verbos tenham também um sentido escatológico de salvação (vida ou salvação eterna, ressurreição), não se opõe a seu sentido físico de cura. Na linha mais estrita de continuação do ministério de Cristo com os enfermos deve-se referir a uma cura ou salvação integral físico-espiritual, atual-escatológica. O efeito da "salvação e do fortalecimento do enfermo" não é redutor, mas sim extensivo; não é parcial, mas total. A continuação coerente do ministério de Cristo com os enfermos, a mesma concepção antropológica e bíblica do povo hebreu, a comparação com outros textos e lugares, a relação entre saúde corporal-escatológica, o próprio fato de que nosso texto implique uma interpretação "aberta" justificam esta conclusão. Além do mais, o poder de cura é o exercício no tempo de um poder de ressurreição que remete à ressurreição definitiva (cf. Lc 10,20).

– *Nos testemunhos patrísticos*. Desde o princípio aparece atestada uma pluralidade de empregos da unção e uma utilização preferencial para os enfermos, com intenção curativa. Assim, Irineu fala de um azeite que se derrama sobre a cabeça dos defuntos;⁶ Orígenes refere-se à unção como uma das formas do perdão dos pecados;⁷ Afrates (século IV) descreve esse múltiplo uso nos seguintes termos: "O óleo é o símbolo do sacramento da vida que aperfeiçoa os cristãos, os sacerdotes e os reis; ilumina as trevas, alivia os enfermos

---

⁵ Cf. F. Müssner, B. Reicke, E. Cothenet, J. Cantinat, M. Romaniuk, G. Marconi etc. Cf. nossa síntese em D. Borobio (ed.), *La celebración en la Iglesia II. Sacramentos*, Salamanca 1988, 691-694.
⁶ Irineu de Lyon, *Adv. Haereses*, 1, 1 e 21, 4, em PG 7, 664.
⁷ Orígenes, *In Lev. Hom.* 2, 4, em PG 12, 417.

e reintroduz os penitentes"[8]. No mesmo sentido expressam-se as *Constituciones egipciacas* (século V), ampliando a *Tradição apostólica* de Hipólito:

> Assim como santificando este azeite tu dás saúde aos que o usam e recebem, e assim ungiste os reis, os sacerdotes e os profetas, da mesma maneira este azeite subministre conforto aos que o provam e saúde aos que o usam.[9]

O Pseudo-Dionísio fala igualmente de diversos empregos do óleo:

> Depois, o bispo derrama o óleo sobre o defunto. Já falando do batismo expliquei que o iniciado era ungido com óleo [...] em primeiro lugar se unge no começo aquele que enfrenta o combate e depois se unge no término de todos os combates aquele que cessou de enfrentá-los.[10]

Destes testemunhos se deduz que o emprego do óleo na Igreja primitiva era polivalente e diversificado, segundo as diversas situações, abrangendo desde o princípio até o final da vida. Seu sentido mais comum era consagrar, santificar, fortalecer. Entre estes usos destaca-se o que se faz com *intenção curativa*, em virtude não só de sua qualidade natural, mas, sobretudo, de seu poder espiritual enquanto óleo bento e transformado no poder do Espírito (epiclese). Assim, nos *Canones* de Hipólito se diz que, para os enfermos, recorrer à Igreja constitui uma "medicina em relação à cura", pois ali recebem a "água da oração" e o "óleo da bênção".[11] Inocêncio I

---

[8] Afrates, *Demonstración*, 23, 4, em Patrología Siriaca 1, 2, p. 10.
[9] *Constituciones egipciacas*, p. 117 (ed. de Achilis). O texto também em Hipólito de Roma, *Tradición apostolica*, n. 5, p. 18 (ed. de B. Botte).
[10] Pseudo-Dionísio, *De Hier. Eccl.*, c. 7.
[11] R. G. Coquin, *Les Canons d'Hipolyte*, em *Patrologia Orientalis* XXXI, fasc. 2, nota 6, p. [121] 389. Cf. A. G. Martimort, "Oración por los enfermos y unción sacramental", em *La Iglesia en oración*, Barcelona 1987, 688, nota 27. Com a expressão *eujaleion* os bizantinos designam todo o rito. Cf. J. Goar, *Euchologion sive Rituale Graecorum*, Veneza 1730 (utilizamos a reimpressão fotomecânica de Graz 1960, 332-346).

(ano 416) supõe que o óleo bento pelo bispo pode ser usado "por todos os cristãos para fazer a unção com ele em suas necessidades pessoais ou na dos seus", pensando especialmente na necessidade de cura dos enfermos.[12] Cesário de Arles, em seus *Sermones* (503-504), testemunha de modo especial sobre esta intenção curativa da unção. Diante de seus olhos tem as práticas mágico-supersticiosas dos pagãos que tanto atraíam alguns cristãos; contra elas ressaltam a virtude e a força curativa da unção que, na Igreja, se leva à realização com os enfermos.[13] O autor se dirige às mães para que, no caso de ter enfermos seus filhos, procurem os presbíteros para ungi--los com o óleo bento (*oleo benedicto a presbyteris* [*eos*] *perungere*); aos enfermos que podem ir à igreja, para serem ungidos com o óleo bento e receber Cristo Eucarístico (*ad ecclesiam recurrite, oleo vos benedicto perungite, Eucharistiam Christi accipite*); aos cristãos pouco convencidos, para que também recorram ao óleo bento, confiando nas palavras do Apóstolo: *Secundum quod Jacobus Ap. dicit*. Cesário procura estender "o recurso espontâneo e geral à unção para suplantar os ritos mágicos de cura legados pelo paganismo [...]. Fala em geral de enfermos, sem fazer alusão alguma a se sua situação comporta ou não perigo de morte"[14].

Neste mesmo sentido se expressa Elói, bispo de Noyon (588-660), que recomenda aos fiéis não recorrer aos "encantadores, nem adivinhos, nem bruxos, nem charlatães", e os anima ao receber o óleo bento "para ungir o corpo com ele em nome de Cristo [...] e assim se recuperará não só a saúde do corpo, mas também a da alma"[15]. De igual modo, Beda,

---

[12] Inocêncio I, *Carta a Decencio de Gubbio*, em PL 20, 559-561. Cf. A. Chavasse, *Étude sur l'onction des infirmes dans l'Église latine du III' au XI siècle*, 289-290.
[13] G. Morin, *Cesarii Arelatensis Sermones I: Sermo* 13, 62-67; *Sermo* 50, 215-217; *Sermo* 52, 220-223; *Sermo* 184, 708-711, Maredsous 1937. Cf. A. Chavasse, *Étude sur l'onction des infirmes dans l'Église latine du III' au XI siècle*, 101-110.
[14] C. Ortemann, *El sacramento de los enfermos*.
[15] Elói de Noyon, PL 87, 529 A-B.

o Venerável (672-735), atesta o costume difundido desde os apóstolos de que "os enfermos sejam ungidos pelos sacerdotes com óleo consagrado e sejam curados pela oração que acompanha"[16].

Pode-se dizer que, embora os autores não desconheçam outros usos do óleo, quando se referem à unção dos enfermos lhe atribuem uma força e uma intenção curativas sempre em relação com a bênção de que foi objeto pelo ministro de Cristo e em virtude do poder do Espírito. Nunca distinguem uma enfermidade mais leve de outra mais grave para diferenciar o ministro e o efeito.[17] Nem mesmo se propõe a distinção entre a "unção-sacramento" e a "unção-sacramental" para determinar seu efeito e sua eficácia.[18] Não está claro se o óleo bento ao qual se referem em todos os casos é o mesmo óleo que se aplica ou emprega para qualquer circunstância. Mas é evidente que toda virtude espiritual-corporal atribuída ao óleo tem seu fundamento em sua consagração e em sua bênção.[19]

Por outra parte, nada se diz de que a unção seja o único rito com os enfermos; de fato também se emprega com certa frequência a imposição de mãos, como atesta

---

[16] Beda o Venerável, PL 93, 39-40. Cf. A. Chavasse, Étude sur l'onction des infirmes dans l'Église latine du III' au XI siècle, 123-134.

[17] Esta distinção a propõe, sem fundamento suficiente, P. de Letter, Unción de enfermos, em Sacramentum mundi III, Barcelona 1976, 768-774: "Existem além disso testemunhos, relativos aos cinco primeiros séculos, de uma dupla unção dos enfermos: uma primeira feita pelo próprio enfermo ou por seus delegados e outra litúrgica efetuada pelo sacerdote ou pelo bispo [...]. A primeira supõe uma enfermidade menos grave e tem por objeto a cura do corpo (pertence ao carisma de cura); a segunda é para o caso de enfermidade grave e busca no sacerdote ou no bispo auxílio espiritual sob a forma de unção sacramental" (771).

[18] Esta distinção a propõe G. Greshake, baseando-se no uso tão variado que a Igreja primitiva dá à unção: em enfermidades graves ou leves, para ungir algum membro do corpo ou o corpo inteiro, aplicando o óleo como unção ou tomando-o como bebida, como prática exorcística (em lugares perigosos, com os animais, nos estábulos...) ou como medicina mágica (*Letzte Ölung-Krankensalbung-Tauferneuerung angesichts des Todes?*, em AA. VV., *Leiturgia-koinonia-Diakonia*, Freiburg 1980, 97-126, aqui 104-105); Id., *Letzte Ölung oder Krankensalbung? Plädoyer für eine differenziertere sakramentale Theorie und Praxis*: Geist und Leben 2 (1983) 119-136. Voltaremos mais adiante a falar deste tema.

[19] Cf. M. Ramos, *Notas para un historia litúrgica de la unción de enfermos*, 391.

Irineu: "Outros curam com a imposição de mãos os que sofrem por alguma enfermidade, e os devolvem sãos"[20].

Santo Eutíquio (512-582) relata, por sua vez, a cura sucedida a um jovem quando, "empregando diversas orações, impôs suas mãos ao jovem e o ungiu com o sagrado óleo"[21]. Santo Ambrósio (333-397), comentando Mc 16,17ss, recorda que a imposição de mãos tem virtude curativa pela graça e pelo poder de Deus.[22] O mesmo rito ambrosiano conhece a "imposição de mãos sobre o enfermo" como parte integrante da celebração da unção, o que faz que se lhe suponha também uma finalidade curativa.[23] Contudo, convém destacar que o rito por excelência associado a uma possível cura é a unção com óleo.

– *Nos testemunhos litúrgicos.* No bloco anterior destacamos que o valor cristão da unção depende da bênção. Assim aparece também nos testemunhos litúrgicos, nos quais se ressalta sua importância pelos seguintes conceitos: 1) porque se a atribui exclusivamente ao bispo e, em sua ausência, ao presbítero; 2) porque aparece liturgicamente ordenada desde o princípio; e 3) porque se a situa no momento solene da eucaristia. A mais antiga dessas fórmulas de bênção encontramo-la na *Tradição apostólica* de Hipólito, na qual se trata da cura e da santificação dos enfermos.[24] Também nos transmitem fórmulas de bênção, mais ou menos amplas e detalhadas, as *Constituições apostólicas*,[25] O *Euchologion* de

---

[20] Irineu de Lyon, *Adv. Haereses*, 2, 32.4, em PG 7, 829 B.

[21] *Vida de san Eutiquio narrada por Eustasio*: Acta Sanctorum Boll. (6 abril), 558; M. Nicolau, *La unción de enfermos*, 40.

[22] Ambrósio de Milão, *De Poenitentia*, 1, 8, em PL 16, 497ss.

[23] Cf. A. M. Triacca, *Le rite de "l'impositio manuum super infirmum" dans l'ancienne liturgie ambrosienne*, em AA. VV., *La maladie et la mort du chrétien dans la liturgie*, 339-360, aqui 350.356 e 357.

[24] Hipólito de Roma, *Tradición apostólica*, V (ed. de B. Botte), 18-19: "Ut oleum hoc sanctificans das eis qui unguntur et percipiunt, in quo unxisti sacerdotes et prophetas, sic illos et omnes qui gustant conforta, et sanctifica eos qui percipiunt".

[25] F. X. Funk (ed.), *Didascalia et Constitutiones apostolorum*, vol. I, livro VIII, cap. 29, p. 532.

Serapião[26] e o *Testamentum Domini*[27]. Aparentados com a *Tradição apostólica*, transmitem-nos outras fórmulas de bênção os sacramentários romanos mais antigos: o gelasiano[28] e o gregoniano[29]. Entre essas, a fórmula *emitte* foi a que, por sua riqueza de conteúdo e sua estrutura literária, alcançou mais êxito, sendo transmitida nos sucessivos sacramentários e livros litúrgicos até nossos dias (ainda que reformada segundo o novo Ritual).[30] De grandes significado e riqueza são também as fórmulas da *liturgia hispânica* (séculos VII-VIII), por suas concretas referências à situação de enfermidade, pela insistência em pedir a cura integral do corpo e da alma, pela tônica na primariedade da ação de Cristo e do Espírito.[31] Não menos eloquentes se mostram, por outra parte, as fórmulas de bênção que a *tradição oriental* nos transmite no rito do *euchologion*,[32] no qual se manifesta de maneira evidente a complementaridade entre a cura corporal e a cura espiritual ou perdão dos pecados.[33]

Do estudo comparado dessas fórmulas de bênção pode-se deduzir várias notas relevantes:

---

[26] Ibid., vol. II, *Testimonia et scripturae propinquae*, caps. 17 e 29, p. 180-187 e 190-192.

[27] J. Rahmani (ed.), *Testamentum Domini nostri Iesu Christi*, Maguncia 1899, lib. 1, caps. 23-24, p. 48-49.

[28] L. C. Mohlberg (ed.), *Liber sacramentorum Romanae Ecclesia Anni Circuli*, Roma 1960, n. 382, p. 61. Cf. A. Nocent, *La maladie et la mort dans le sacramentaire gélasien*, em AA. VV., *La maladie et la mort du chrétien dans la liturgie*, 243-260.

[29] J. Deshusses (ed.), *Le sacramentaire grégorien*, Freiburg 1971, 172-173.

[30] A fórmula *emitte*, reformada, se propõe como fórmula de bênção do óleo por seu conteúdo epiclético (*Ritual de la unción y de la pastoral de enfermos*, n. 140, p. 58).

[31] São conhecidas as fórmulas *"In tuo nomine"*, *"Domine Iesu Christe"*, *"Omnipotens Deus"* etc. Cf. M. Férotin, *Le liber ordinum en usage dans l'Église wisigothique et mozarabe d'Espagne*, Paris 1904, cols. 7-11 e 23; J. Janini, *Liber Ordinum sacerdotal*, Abadía de Silos 1981, 77-78.

[32] Pode-se ver outras fórmulas muito significativas, por exemplo, no ofício votivo de *infirmis*, como mostrou J. Pinell, *El oficio votivo "de infirmis" en el rito hispánico*, em AA. VV., *La maladie et la mort du chrétien dans la liturgie*, 261-325.

[33] J. Goar, *"Euchologion" sive Rituale Graecorum complectens ritus et ordines*, Venezia 1730; H. Denzinger, *Ritus Orientalium, Coptorum, Syrorum et Armeniorum*, Viceburg 1863. Cf. o estudo de E. Meliá, *Le sacrement de l'onction des malades dans le dévelopement historique et quelques considérations sur la pratique actuelle*, em AA. VV., *La maladie et la mort du chrétien dans la liturgie*, 193-228.

A *unção cristã* diferencia-se tanto da unção judaica (Antigo Testamento) como da unção pagã, não pela ritualidade que a rodeia ou pela forma com que é aplicada, mas sim pela bênção consecratória que a acompanha. Por esta bênção o Espírito desce, toma posse, transforma, fecunda o óleo, de maneira que sua aplicação implica já uma força e um poder novos de presença e santificação, de cura espiritual e integral, de salvação plena e de perdão. A bênção confere ao óleo sua verdadeira virtude sacramental, liberta-o da magia e o situa no nível de outras ações sacramentais da Igreja (por exemplo, a água benta batismal).

Por ser tão importante, *a bênção se atribui exclusivamente ao bispo* (em Roma e nas dioceses mais diretamente vinculadas a ela) e, em sua ausência, também ao sacerdote (no Oriente, em Milão); além do mais, nos primeiros séculos tem lugar durante a solene celebração da eucaristia.[34] A partir do século X, quando o momento mais normal da bênção é a Quinta-feira Santa, não aparece com clareza a distinção entre o óleo dos enfermos e o óleo dos catecúmenos. Segundo M. Ramos, "um mesmo recipiente podia conter o óleo que se devia aplicar a uns e a outros", segundo informa Reginon de Prüm († 915): "Na Quinta-feira Santa todo presbítero tem de levar consigo dois recipientes, um para o crisma e outro para o óleo dos catecúmenos e dos enfermos"[35]. Mais ainda, segundo o mesmo Ramos, é provável que originariamente nem mesmo se distinguisse o "óleo dos enfermos e o óleo propriamente consecratório, que depois se apropriou de maneira exclusiva

---

[34] Os fiéis costumavam levar o óleo, junto com outros dons, para sua bênção durante a eucaristia. No final, cada fiel tomava sua vasilha e a levava para casa para sua utilização. Pelo menos a partir do século X esta bênção passou a realizar-se na Quinta-feira Santa. Cf. M. Andrieu, *Les Ordines Romani du haut moyen-áge*, Lovaina 1931ss. Cf., sobre este ponto, o *Ordo XXX*.

[35] M. Ramos, *Notas para la historia de la liturgia de la unción de enfermos*, 391. Refere-se à obra de Reginon de Prüm, *De synodalibus causis*, 1, 75, em PL 132, 206.

do nome técnico de crisma. O processo evolutivo consistiu em uma especialização progressiva da bênção e do emprego dos óleos"[36].

Quanto à *aplicação do óleo*, atribui-se a ela sem dúvida uma importância complementar e relativa em relação à bênção. Por isso podem realizá-la tanto os ministros ordenados como os fiéis (*non solum sacerdotibus, sed et omnibus uti christiani licet, in sua aut in suorum necessitate ungendum*, Inocêncio I), seja ungindo, seja bebendo o óleo (*et sua sancta benedictio sit omni ungenti, gustanti, tangenti, tutamentum corporis, animae et espiritus*, fórmula *emitte*). Devido aos sujeitos poderem ser todos os enfermos com enfermidade mais ou menos grave, e tendo em considerarão a quantidade de enfermidades existentes e a limitação dos ministros ordenados, é lógico que se reconheça esta faculdade aos próprios leigos próximos do enfermo em toda circunstância.

O *efeito que se espera* da unção, tal como aparece nos testemunhos, é sobretudo o efeito corporal ou de cura física e anímica, ao que se une normalmente o efeito espiritual ou de perdão-salvação. As expressões mais comuns são aquelas que pedem a cura corporal e também as que solicitam a salvação integral do enfermo (*mens et corpus, corpus et peccatum, corpus et anima, interius et exterius, sanitas corporis et indulgentia peccatorum*). Este efeito nunca aparece reduzido a algumas enfermidades, mas se pede para todos os casos, como atestam singularmente as orações hispânicas.[37] Tudo isto nos permite afirmar que a Igreja primitiva entendeu o rito da unção como um rito de cura integral – também corporal – do enfermo.

---

[36] *Ibid.*, 391. Embora os testemunhos não permitam generalizar esta opinião, parece-nos que tem todas as aparências de probabilidade.

[37] Cf. a oração *In tuo nomine*, traduzida em C. Ortemann, *El sacramento de los enfermos*, 23-24.

b) *As práticas de cura*

Se antes nos fixávamos nos carismas e ritos de cura, agora queremos assinalar brevemente as "práticas" pelas quais costumam manifestar-se aqueles carismas e concretizar-se estes ritos.

– *No Novo Testamento*. Nestes escritos manifesta-se uma continuação "ordinária"[38] do ministério de Cristo, sobretudo na prática de visita e atenção aos enfermos, aos órfãos, às viúvas e aos necessitados (Tg 1,27; At 6,1-2). A prática da visita fica resenhada mais explicitamente na Carta de Tiago: "Está alguém enfermo? Chame os sacerdotes da Igreja..." (Tg 5,14). Cumpre-se desta maneira o próprio mandato de Cristo: estive "enfermo e me visitastes" (Mt 25,36.45).

Em relação com uma pessoa é possível assinalar outra "prática" que implica, por sua vez, a oblação e a ascese no próprio sofrimento, unindo-se aos sofrimentos de Cristo: "Com efeito, à medida que em nós crescem os sofrimentos de Cristo, crescem também por Cristo as nossas consolações. Se, pois, somos atribulados, é para vossa consolação e salvação" (2Cor 1,5-6). E em outro lugar: "Agora me alegro nos sofrimentos suportados por vós. O que falta às tribulações de Cristo, completo na minha carne, por seu corpo que é a Igreja" (Cl 1,24).[39]

– *Na tradição*. Também os primeiros testemunhos patrísticos falam da "visita" como a prática mais importante para a atenção e a cura do enfermo. Basta referir alguns com toda brevidade. São Policarpo afirma que os presbíteros devem "acolher os abandonados e visitar todos os enfermos, sem esquecer a viúva e o órfão"[40]. Hipólito de Roma, referindo-se aos diáconos, lhes

---

[38] Mais amplamente, D. Borobio, *Unción de enfermos*, em Id. (ed.), *La celebración en la Iglesia II. Sacramentos*, Salamanca 1988, 690-691.
[39] Cf. B. Maggioni, *Gesù e la Chiesa di fronte alla malattia*, 53-55.
[40] Policarpo de Esmirna, *Ep. ad Phil.*, VI, 1.

diz que "notifiquem ao bispo aqueles que estão doentes, de maneira que possa visitá-los. Pois reconforta em grande maneira o enfermo que o sumo sacerdote se lembre dele"[41]. Santo Atanásio recorda que é muito triste para os enfermos não ser visitados por ninguém, pois "pensam que esta calamidade é mais grave que a própria enfermidade"[42]. E do mesmo Santo Agostinho se diz que seguiu o exemplo do apóstolo visitando os órfãos e as viúvas em sua tribulação (cf. Tg 1,27), acorrendo a rogar pelos enfermos e a impor-lhes as mãos.[43]

Alguns testemunhos referem-se também a uma *prática exorcística* em relação com a enfermidade, em contrapartida às práticas mágico-supersticiosas pagãs. Na Igreja ocidental é Cesário de Arles o testemunho mais significativo, atribuindo à própria unção certa função exorcística, que liberta da tentação e do poder do demônio, das enfermidades e do pecado.[44] Na Igreja oriental, João Mandakuni (403-487), por exemplo, referindo-se aos que empregam meios supersticiosos, lhes recorda o texto emblemático da Carta de Tiago (5,14-15) e acrescenta: "Dos que se achavam vexados pelo espírito maligno mandou que o expelissem com jejum e oração, com o sinal da cruz que tudo vence"[45]. A relação em que se coloca a unção com o jejum e a oração para curar a enfermidade e expulsar demônios indica que também à unção se atribui caráter exorcístico.

Quanto à liturgia, não constam outras práticas a não ser aquelas relacionadas com o rito da unção, bem como outros ritos já referidos. Pode-se recordar aqui o que o concílio

---

[41] Hipólito de Roma, *Tradición apostólica*, cap. 34, p. 81.
[42] Atanásio, *Epísl. Encycl.*, 5, em PG 25, 233.
[43] Posidius, *Vita S. Augustini*, e. 27, em PL 32, 56.
[44] Assim, na *Vita Caesarii epic. arelat.* II, 17 (M. G. H. Script. rer. mer. III, 451) se nos diz que, tendo se lhe apresentado uma cegueira persistente, *"capiti eius manum imponens, benedictionem debit, deinde oleum benedixit, ex quo eam nocturnis boris perungi iussit"*.
[45] J. Mandakuni, *Hom.* 26; cf. M. Schmid, *Heilige Reden des Johannes Mandakuni*, 222ss, citado em M. Nicolau, *La unción de enfermos*, 38-39.

nestoriano de Mar Joseph (559) ordena como prática litúrgica pastoral: "Quando algum dos que caíram nessa enfermidade [superstição] se converta, que se lhe ofereça como meio de cura o mesmo que se oferece ao que está corporalmente enfermo: o óleo da oração (*euchologion*) abençoado pelos sacerdotes"[46].

c) **Conclusão**

Devido à diversidade de Igrejas, de testemunhos e de liturgias, torna-se arriscado generalizar de maneira absoluta, mas não detectar o mais comum e essencial. Existe um grau de coincidência entre a maioria das fontes que permite extrair as constantes doutrinais e práticas mais importantes. Vejamos algumas delas.

Por muito geral e difundida que fosse, parece claro que não há razão de maneira absoluta em comparar a unção com óleo bento com o "emprego da água benta"[47]. A importância, a solenidade, a dignidade e o valor "sacramental" da bênção lhe dão uma força e um poder fora do comum, e o povo esteve também consciente disso. Ainda que não se propusesse se era ou não um sacramento em sentido estrito nem se tinha de ser incluída no septenário, já se a reconhecia e valorizava na vida como uma ação sacramental. Os sacramentos existiram mais como realidades salvífico-eclesiais da vida cristã do que como conceito e número definido em formulações teológicas ou conciliares. Querer determinar o sentido específico do sacramento pela atribuição de sentido mais comum no momento escolástico da fixação septenária é pospor a verdade sacramental permanente à formulação ou fixação temporal do sacramento.[48]

Quanto ao efeito curativo ou corporal da unção, é indubitável a grande importância que se lhe concedeu nos primeiros séculos. À luz dos testemunhos, não se pode menosprezar este

---

[46] Hefele-Leclercq, vol. III, apêndice 2, Paris 1910, 1204.

[47] G. Greshake, *Letzte Ölung-Krenkensalbung-Tauferneuerung angesichis des Todes*, 104-105.

[48] *Ibid.*, 105-108. Discordamos, por conseguinte, da opinião expressada por este autor.

aspecto curativo da unção, comparando-a com outros meios apotropaicos ou devocionais (água benta), nem se pode reduzir todas as suas dimensões à curativa, comparando-a com outros meios mágicos ou médicos. A cura corporal da qual se fala não é mágica, e sim proveniente da graça, ou seja, pelo poder do Espírito e pela resposta da fé. Nem mesmo é uma cura parcial, mas integral, do corpo e da alma, dos membros feridos e do coração pecador. Isto se entende perfeitamente em um mundo que explica tudo desde a presença atuante de Deus e entende a oração e os sinais como verdadeira "medicina dos pobres". Dito sinteticamente: na Igreja primitiva nem os carismas nem os ritos nem as práticas de cura reduzem-se à unção dos enfermos. Mas é nela que com mais sentido e verdade, com mais frequência e eficácia, com mais reconhecimento e solenidade atuam, significam e se concentram aqueles carismas, ritos e práticas.

2. Cristo "médico" na tradição da Igreja

Só se pode entender o valor atribuído à unção quando se relaciona com "Cristo médico", que continua atuando para a cura espiritual e física dos enfermos e é o único capaz de curar verdadeiramente "em corpo e alma". Recordamos alguns dados bíblicos e vários testemunhos patrísticos que nos parecem relevantes.

a) *Jesus, médico integral no Novo Testamento*

Já no Antigo Testamento existe a concepção de que só Deus pode curar totalmente, porque dele dependem a vida e a morte, a condenação e a salvação (Dt 32,39). Ele é, portanto, o verdadeiro "médico" do ser humano (Ex 15,26). Por isso os enfermos dirigem-se sobretudo a seus representantes, os sacerdotes (Lv 13,49ss; 14,2ss; cf. Mt 8,4) ou os profetas (1Rs 14,1-13), esperando o milagre ou a intervenção extraordinária (1Rs 17,17-24).

O Novo Testamento apresenta Cristo como o Messias libertador, que revela e realiza de modo único a atuação curadora de Deus. Jesus atua como verdadeiro "médico integral", porque é capaz de "curar o corpo", de "curar a alma" e de "salvar", devolvendo a saúde física, psíquica, moral e espiritual, abrindo os olhos da carne e os do espírito para reconhecê-lo como o Filho de Davi, o Cristo, e ao mesmo tempo devolvendo e reintegrando os enfermos em seu mundo relacional de acolhida e de pertença.[49]

Como bem disse Manuel Gesteira,[50] ainda que alguns autores excluam que Jesus tenha podido denominar-se a si mesmo "médico" e atribuir-se funções curativas em nível técnico, torna-se indubitável que a ideia de Cristo médico adquiriu maior relevo quando o cristianismo entrou em contato com a cultura helenística e polemizou com o culto a Esculápio. Por outro lado, Jesus tem clara consciência de que veio para "salvar o que estava perdido" e de que o espírito o impele a "curar", "salvar" (Lc 4,18; 5,17). Além do mais, está claro que as curas espiritual e física estão unidas à salvação e à função messiânica de Cristo, como o afirma a resposta aos discípulos de João (Mt 11,4-6). Daí que apareçam unidas no Novo Testamento as formas verbais "sanar, curar, salvar, dar vida". Mais ainda, Jesus identifica sua atividade com a do médico cuja função se ordena à cura dos enfermos. Assim aparece quando o censuram por comer com publicanos e pecadores, e responde: "Os sãos não precisam de médico, mas os enfermos; não vim chamar os justos, mas os pecadores" (Mc 2,17).

---

[49] Sobre o contexto para interpretar os relatos de cura, cf. S. Guijarro Oporto, *Relatos de sanación y antropología médica. Una lectura de Mc 10,46-52*, em R. Aguirre (ed.), *Los milagros de Jesús*, Estella 2002. Também J. J. Pilch, *Healing in the New Testament*, Philadelphia 2000; J. Avalos, *Health Care and the Rise of Christianity*, Peabody MA 1999.

[50] M. Gesteira Garza, *"Christus medicus". Jesús ante el problema del mal*: Revista española de teología 51 (1991) 253-300.

De tudo isso se depreende que, com efeito, Jesus cumpre a função de "médico", uma função curativa e terapêutica, unida à pregação e à realização do Reino como libertação e cura do homem inteiro. Por isso precisamente aparece uma estreita relação entre "ensinar, pregar e curar". A cura confirma e verifica seu ensinamento.

b) *Cristo, "médico integral" que cura o corpo e a alma, nos Padres*

Os Padres da Igreja têm consciência de que as doenças e os sofrimentos, a corrupção e a morte procedem não da vontade de Deus, mas do mau uso da liberdade do homem, isto é, do pecado original, que conduz a viver esta condição humana contingente. Mas também sabe que esses males não são a última palavra. Deus quer a salvação do homem e não permite que as forças do mal destruam ou façam fracassar seu plano de salvação, plenamente revelado e objetivamente realizado em Cristo. Não obstante, esta vontade salvífica não imuniza os seres humanos contra a enfermidade e o mal, mas lhes dá a graça e a capacidade de lutar contra eles, de redescobrir seu sentido e de superá-los na fé, no amor e na esperança que se fundamentam em Cristo.

Se Cristo é o verdadeiro médico que curou, sanou e salvou os enfermos durante sua vida pública, e se este ministério faz parte essencial da missão da Igreja, encomendada pelo próprio Cristo, era necessário que tivesse um prolongamento concreto na comunidade cristã. A tal ponto se atendia a esta tarefa, que os observadores pagãos chegaram a qualificar o cristianismo como uma "religião dos enfermos"[51]. Os Padres preocupam-se em fazer ver que Cristo não é "médico" em competição com Esculápio, ídolo curador do paganismo, nem se pode assimilar aos magos e curandeiros daquela

---

[51] P. Laín Entralgo, *Maladie et culpabilité*, Paris 1970, 75.

época.⁵² A originalidade de Cristo é que pode curar e sanar o homem inteiro, porque não só é "médico dos corpos", mas também "das almas". Daí que normalmente o qualifiquem de "médico do corpo e da alma". Baste comprovar com alguns testemunhos.⁵³ Clemente de Alexandria comenta: "Nosso bom pedagogo, que é Sabedoria e *Logos* do Pai, é o criador do homem, e se preocupa com sua criatura inteira, curando seu corpo e sua alma. Ele é o verdadeiro médico da humanidade, capaz de curar o homem inteiro"⁵⁴.

Para Orígenes, a imagem de Deus médico é aplicada tanto ao Pai quanto a Cristo. Também os profetas, os apóstolos e seus sucessores são chamados médicos. O mesmo se deve dizer dos anjos, que colaboram na cura dos homens. Suposta a bondade divina, diante de gnósticos e marcionitas, nosso autor proclama o valor medicinal dos castigos divinos.⁵⁵ Por outra parte, Orígenes dedica especial atenção à figura de Cristo médico, polemizando contra os que pretendem assimilá-lo a um mago ou a um curandeiro.⁵⁶ Ao curar o corpo e a alma, Cristo distancia-se da tradição medicinal de Asclépio e dos demônios pagãos.

Cirilo de Jerusalém afirma em suas *Catequeses batismais* que "Jesus, segundo a língua grega, equivale a médico. Pois,

---

⁵² Cf. Tertuliano, *Apologético*, 23,6-7; Orígenes, *Contra Celso* III, 24

⁵³ Cf. A. Harnack, "Medicinisches aus der ältesten Kirchengeschichte", em *Texte und Untersuchungen*, VIII/4, Leipzig 1892; J. Ott, *Die Bezeichnung Christi als iatros in der urchristlichen Literatur*: Der Katholik 90 (1910) 454-458; H. Schipperges, *Zur Tradition des "Christus Medicus" im frühen Christentum und in der älteren Heilkunde*: Arzt und Christ 11 (1965) 12-20; T. M. Kelsey, *Healing and Christianity in ancien thought and modern times*, New York-London 1973; G. Dumeige, *Le Christ médecin dans la literature chrétienne des premiers siècles*: Rivista di archeologia cristiana 48 (1972) 115-141; J. C. Larchet, *Thérapeutique des maladies spirituelles*, Paris 1991, em especial 319-344.

⁵⁴ Clemente de Alexandria, *Apotegmi. Am.* 180, 12.

⁵⁵ S. Fernández, *Cristo médico, según Orígenes. La actividad médica como metáfora de la acción divina*, Institutum Patristicum Augustinianum, Roma 1999.

⁵⁶ Orígenes, *Contra Celso*, I, 68.

com efeito, ele é médico das almas e dos corpos, e curador dos espíritos: cura os que estão cegos em seus olhos sensíveis, mas leva também a luz às mentes; é médico dos que estão visivelmente coxos, e dirige também os pés dos pecadores para a conversão quando diz ao paralítico: 'Já não peques' (Jo 5,14), 'Toma teu leito e anda' (Jo 5,8). Pois, já que por causa do pecado da alma o corpo havia sido entregue à paralisia, curou primeiro a alma para levar também depois a medicina ao corpo. Portanto, se a mente de alguém está arrochada pela enfermidade dos pecados, tem aí o médico. Mas se alguém é de pouca fé, diga-lhe: 'Vem em socorro à minha falta de fé' (Mc 9,24). E se alguém está tomado por enfermidades corporais não desconfie, mas aproxime-se, que também receberá remédio, e reconheça que Jesus é o Messias"[57].

Teófilo de Antioquia, falando da diferença entre os "olhos da carne" e os "olhos da alma", comenta: "A alma do homem tem de ser pura, como um espelho brilhante. Quando no espelho se produzem jaças, não se pode ver o rosto de uma pessoa; da mesma maneira, quando o pecado está no homem, o homem já não pode contemplar a Deus. Mas podes te curar se queres. Coloca-te nas mãos do médico, e ele estimulará os olhos de tua alma e de teu coração. Que médico é este? Deus, que cura e vivifica mediante sua Palavra e sua Sabedoria (Cristo). Pois por meio da Palavra e da Sabedoria tudo se fez [...]. Se entendes tudo isto e vives puramente, santamente e justamente, poderás ver Deus; mas a fé e o temor

---

[57] Cirilo de Jerusalém, *Catequesis bautismales*, X, 13; cf. C. Elorriaga, *San Cirilo de Jerusalén. Catequesis*, Bilbao 1991, aqui 210-211, de onde tomamos a tradução. Por seu lado, Santo Agostinho, comentando a cura do cego de nascença (Jo 9,1-41), disse: "Todos temos nascido com a cegueira do coração. Temos escutado a leitura costumeira do santo evangelho; porém bom será recordá-la e preservar a memória da sonolência do esquecimento. Esta leitura, além do mais, embora a conheçamos desde muito tempo, produziu em nós o mesmo deleite como se a tivéssemos ouvido pela primeira vez. Cristo devolveu a vista a um cego de nascença; que existe nisso de maravilha? Cristo é o médico por excelência, e com esta mercê lhe deu o que lhe havia faltado desde o seio materno. Foi distração ou inabilidade isto de deixá-lo sem visão? Não certamente; tal aconteceu para a dar a ele milagrosamente mais tarde" (*Sermón* 136,1-3).

de Deus têm de ter a absoluta preferência de teu coração, e então entenderás tudo isto"[58].

c) Os "santos curadores", prolongamento histórico da missão curadora de Cristo

Na consciência da Igreja sempre esteve presente que Cristo médico continua sua obra por intermédio dos que receberam um especial carisma de cura e, sobretudo, dos santos taumaturgos. Toda cura extraordinária se realiza no nome e com o poder de Cristo; os homens são intermediários deste poder salvador, expresso através de sua pessoa e de diversos gestos rituais ou terapêuticos, como a oração pessoal ou comunitária, a intercessão curativa dos santos, a proteção de Maria, a imposição das mãos ou a unção com o óleo, a água benta, o sinal da cruz, os exorcismos e, sobretudo, a veneração das relíquias daqueles santos aos quais o povo atribuiu especial poder curativo.[59]

É certo que os primeiros santos que receberam culto e veneração foram os mártires, sobre cujos sepulcros se levantaram altares e templos. Mas já a partir dos séculos V e VI começou-se a transladar as relíquias desses mártires, e de modo especial as daqueles aos quais era atribuído um especial poder de intercessão e cura. Tal fenômeno incrementou-se de forma notável durante a Idade Média. A presença desses santos através de suas relíquias assegurava proteção e solidariedade entre o céu e a terra, entre os seres humanos, mas além disso garantia a ação permanente no lugar sagrado da hierofania e de seu poder curador do espírito e do corpo. Por seu lado, o povo fiel expressava sua veneração e pedia a proteção dos santos por meio de oferendas, esmolas, peregrinações e

---

[58] Teófilo de Antioquia, *Libro* 1, 2.7, em PG 6, 1026-1027.1035 (tradução de *La liturgia de las horas*).
[59] Cf. J. C. Larchet, *Teologia della malattia*, 76-100.

devoções, aplicando e esperando a cura de suas enfermidades, a libertação de seus pecados ou escravidões, a salvação no meio dos perigos, o encontro de objetos e pessoas perdidas ou também o agradecimento pelos favores obtidos, tantas vezes manifestado com os ex-votos. Tudo isso explica igualmente fenómenos como o afã das principais catedrais e igrejas por obter relíquias dos santos mais importantes, a importância do santo ao qual se rendia culto nas irmandades e confrarias, a exaltação dos milagres realizados por esses santos, com frequência adornada por lendas, o interesse dos jograis em cantar e propagar tais milagres, a aparição dos *libelli miraculorum*, a centralidade que chegou a ocupar na vida da comunidade a celebração da festa do santo padroeiro, as coleções de vidas de santos e de seus milagres.[60]

Como afirma um documento da Congregação para a Doutrina da Fé, "durante os séculos da história da Igreja não faltaram santos taumaturgos, que operaram curas milagrosas. O fenómeno, portanto, não se limita aos tempos apostólicos [...]. As curas ligadas a lugares de oração (santuários), recintos nos quais se guardam relíquias de mártires ou de outros santos [...] foram testemunhadas abundantemente através da história da Igreja. Elas contribuíram para popularizar, na Antiguidade e na Idade Média, as peregrinações a alguns santuários que, também por esta razão, se tornaram famosos, como o de São Martinho de Tours ou a Catedral de São Tiago de Compostela, e tantos outros. Também atualmente sucede o mesmo, como por exemplo em Lourdes, desde mais de um século"[61].

Entre os santos curadores ou protetores diante de determinadas enfermidades, pode-se nomear os santos Cosme

---

[60] Cf., por exemplo, L. Maldonado, *Génesis del catolicismo popular*, Madrid 1979.
[61] Congregação para a Doutrina da Fé, *Instrucción sobre las oraciones para obtener de Dios la curación*, n. 5.

e Damião, considerados padroeiros dos cirurgiões e dos farmacêuticos; Santa Ana, protetora das mulheres grávidas; São Raimundo Nonato, invocado pelas parturientes; São Libório, contra os padecimentos do mal de pedras nos rins; São Roque, padroeiro dos empestados; Santa Luzia, para a cura dos males dos olhos; São Brás, protetor contra os males da garganta; Santa Apolônia, advogada contra os padecimentos nas arcadas dentárias; São Marcial, protetor contra a varíola; Santo Domingos de Gusmão, que ajuda na fecundidade e cura as febres.

OS SACRAMENTOS, "MEDICINA" QUE CURA, NO PENSAMENTO TEOLÓGICO

Tratemos agora sobre um ponto central em nosso estudo. Toda ritualidade curativa alcança sua expressão mais plena e autêntica nos sacramentos da Igreja. Assim o entenderam já os Padres, sobretudo ao se referirem ao batismo, à eucaristia, à penitência e à unção, junto com outros ritos aos quais atribuíam uma especial eficácia. Com certa frequência, os Padres nos oferecem uma interpretação sacramental-curativa da parábola do "Bom Samaritano",[1] como fazem Irineu,[2] Orígenes,[3] Ambrósio[4] ou Agostinho[5]. E este será um dos referenciais dos teólogos para a interpretação curativa ante os sacramentos.

1. Os teólogos escolásticos

Como se sabe, a sistematização da teologia sacramental alcança um ponto álgido na escolástica. Três representantes importantes são Pedro Lombardo, Santo Tomás de Aquino e São Boaventura, cujas referências ao nosso tema queremos comentar.

---

[1] Cf. os textos em J. Danielou, *Le bon Samaritain*, em *Mélanges bibliques en l'honeur de A. Robert*, Paris 1956, 457-465; cf. também J. Y. Baziou, "Approche théologique de l'accueil", *Le bon samaritain (Lc 10)*.
[2] Irineu de Lyon, *Adv. Haereses*, III, 17.
[3] Orígenes, *Homilías sobre san Lucas*, 34,3.
[4] Ambrósio de Milão, *Tratado sobre el evangelio de san Lucas*, VII, 84.
[5] Agostinho de Hipona, *Sermón sobre el Sal 31,7*; Id., *Sermón 154*, 9, 13.

a) *Pedro Lombardo (1095-1160)*

Sua obra *Libri IV Sententiarum*[6] foi o texto mais usado ao longo da Idade Média e o referencial teológico fundamental. Em tal tratado começam-se a explicar os sacramentos no "Liber IV", com a referência à parábola do Bom Samaritano: "Pois assim como o Samaritano, aproximando-se do ferido, cuidou dele, atou-lhe com faixas as feridas como sacramentos para sua cura, de igual modo Deus instituiu os remédios dos sacramentos contra as feridas do pecado original e do pecado atual".

Torna-se evidente que o pensamento dominante do autor é o dos sacramentos como "medicinas" ou como "remédios" contra as feridas que radicalmente produziu no homem o pecado original e que continuam, de algum modo, a reproduzir-se pelo pecado atual. Será esta, como vamos ver, uma imagem que se repete na explicação histórico-teológica dos sacramentos.

b) *Tomás de Aquino (1225-1274)*

Ao tratar em sua *Suma teológica* sobre o "que é um sacramento",[7] Tomás de Aquino assinala como primeira dificuldade que o sacramento "pertence ao gênero do sinal"; de fato, o próprio vocábulo "sacramento" deriva de "consagrar", de forma semelhante a como "medicamento" deriva de "medicar", o que parece aludir antes de tudo à eficácia ou causalidade.[8] Tomás de Aquino argumenta que a medicina é causa eficiente da saúde, e, portanto, implica certa causalidade; mas, no caso do sacramento, tratar-se-ia mais de uma "causalidade formal ou final", pelo efeito de cura que pode produzir.[9]

---

[6] Magistri Petri Lombardi, *Sententiae in IV Libris distinctae*, tomus II, liber III et IV, Grottaferrata-Romae 1971: *"Samaritanus enim, vulnerato appropinquans, curationi eius sacramentorum alligamenta adhibuit; quia contra peccati originalis et actualis vulnera sacramentorum remedia Deus instituit"* (I, cap. 1,1).

[7] Tomás de Aquino, *Summa Theologica*, q. 60: "Quid sit sacramentum" (tradução de S. Ramírez, *Suma teológica de Santo Tomás de Aquino*, Madrid 1957).

[8] *Ibid.*, 60, 1, 1: *"Videtur enim sacramentum dici a 'sacramento'; sicut medicamentum a 'medicando'. Sed hoc magis videtur pretinere ad rationem causae quam ad rationem signi"*.

[9] *Ibid.*, 60, a. 1, 3.

Respondendo à questão de "se os sacramentos requerem determinadas coisas", compara a saúde corporal, que se procura mediante diversas medicinas, e a saúde espiritual, que se pode conseguir através de cada um dos sacramentos.

> A saúde da alma é mais necessária que a do corpo. Mas tratando-se de medicinas corporais, orientadas à saúde do corpo, quando falta uma se supre com a outra. Portanto com maior razão nos sacramentos, que são medicinas para a saúde da alma, se poderá, faltando uma, supri-la com outra.[10]

Contudo, enquanto nas medicinas se trata de "virtualidades naturais", nos sacramentos se trata de "instituição divina para a santificação", pelo que resulta necessário "que se determine que coisas se deve empregar nos sacramentos", isto é, qual deve ser o sinal que significa a graça sacramental em cada caso. Mais ainda, no que respeita aos sacramentos, o que se santifica é o homem inteiro, corpo e alma. E a ele deve adaptar-se a medicina sacramental, "já que mediante algo visível toca o corpo e, pela palavra, gera a fé na alma"[11].

A mesma necessidade dos sacramentos para a salvação a apoia Tomás de Aquino na imagem "medicinal", pois, se o pecado do homem afeta também seu corpo, o remédio contra esse pecado deverá implicar sinais corporais, pelos quais se expressa a mesma cura corporal:

> A segunda razão se toma do estado do homem, que ao pecar submeteu-se pelo afeto às coisas corporais. E como a medicina tem de aplicar ali onde se encontra a enfermidade, foi conveniente que Deus, mediante os

---

[10] Ibid., 60, a. 5, 2.
[11] Ibid., 60, a. 6: "Secundo possint considerari sacramenta ex parte hominis qui sanctificatur, qui componitur ex anima et corpore: cui proportionatur sacramentalis medicina, quae per rem visibilem corpus tangit, et per verbum ab anima creditur".

sinais corporais, desse ao homem a medicina espiritual, pois se se lhe apresentassem coisas espirituais em sua essência seriam inacessíveis a seu espírito, entregue às coisas corporais.[12]

Inclusive o número dos sacramentos se explica, para Santo Tomás, por sua dupla finalidade de aperfeiçoar o homem e de lhe oferecer um remédio contra o pecado e contra a enfermidade, finalidades que se encontram em correspondência com o que o homem busca em sua vida natural:

> Temos já dito que os sacramentos da Igreja têm um duplo objetivo: aperfeiçoar o homem no que se refere ao culto divino, regulado pela religião da vida cristã, e oferecer um remédio contra o mal do pecado. O número de sacramentos se justifica sob ambos os pontos de vista [...]. Desta maneira essencial e direta, a vida corporal alcança sua perfeição de três maneiras [...] (pela geração, pelo crescimento e pelo alimento, aos quais correspondem o batismo, a confirmação e a eucaristia). Com isto bastaria se o homem tivesse no espiritual e no corporal uma vida impassível. Mas como o homem está sujeito à enfermidade corporal e à espiritual, que é o pecado, necessita de um tratamento. E este é duplo: um de cura, que restitui a saúde, e para isso na ordem espiritual temos a penitência, segundo aquilo que diz o salmo: "Cura minha alma, porque pequei contra ti"; e outro de restabelecimento do vigor primeiro, que se obtém por regime e exercício apropriados, e a isto corresponde na ordem espiritual a extrema-unção, que apaga as marcas do pecado e deixa disposto o homem para a glória final.[13]

---

[12] Ibid., 61, a. 1: "Ibi autem debet medicinale remedium homini adhiberi ubi patitur morbum. Et ideo conveniens fuit ut Deus per quaedam corporalia signa hominibus spiritualem medicinam adhiberet".
[13] Ibid., 65, a. 1.

Bastem estas referências para corroborar que o teólogo de Aquino considera que os sacramentos não só foram instituídos como "medicinas" contra o pecado que afeta a alma e o corpo, mas também como graças que santificam a totalidade da pessoa, através de um sinal sensível, como o requer a natureza corporal do ser humano. A visão unitária que o autor tem da pessoa faz que essa medicina cure e sane a totalidade. E a atenção à diversidade de situações pelas quais passa a própria pessoa move-o a defender que tal medicina ou graça deve ser significada e adaptada de modo diferente em cada uma dessas situações. Todos os sacramentos são curadores, mas o são de modo especial a penitência e a unção dos enfermos, porque se referem a uma situação de enfermidade: um mais espiritual e o outro mais corporal, embora ambos estejam relacionados.

c) *Boaventura de Bagnoregio (1217-1274)*

Sobretudo em sua obra de síntese teológica *Breviloquium*,[14] este grande teólogo franciscano fala dos sacramentos como medicina espiritual (*De medicina spirituale*). Assim o exprime na definição que nos oferece de sacramento:

> Os sacramentos são sinais sensíveis, instituídos por Deus como remédios (medicamenta) [...] nos quais opera secretamente um poder divino, sob o véu das coisas sensíveis, de tal maneira que eles representam por semelhança, significam por instituição e conferem por santificação uma certa graça espiritual. Por meio deles a alma é curada (*curatur*) da debilidade dos vícios. Para isto estão principalmente ordenados os sacramentos,

---
[14] São Boaventura, *Breviloquium. Partie 6. Les remèdes sacramentels*, "Introduction" da ed. de L. Mathieu.

como a seu fim último; não obstante, também estão destinados à humildade, à instrução e à prova.[15]

A definição de Boaventura é uma síntese de diversas definições – a de Isidoro de Sevilha, a de Hugo de São Vítor, a de Pedro Lombardo –, mas ressalta sua concepção de sacramento como remédio e medicina contra o pecado. Trata-se, definitivamente, de um prolongamento da ação curativa de Cristo, que por sua encarnação, morte e ressurreição já nos curou de nossas enfermidades e de nossos pecados. Contudo, devido à condição frágil e pecadora do homem, é necessário que tal cura se aplique de modo permanente a nossas enfermidades e nossos pecados, e isso sucede pelos sacramentos. Para Boaventura, Cristo, Verbo encarnado, é o verdadeiro "médico" que continua a nos curar na atualidade.

O princípio de toda reparação é o próprio Cristo encarnado, crucificado, que cura por amor o gênero humano enfermo, atendendo a cada um segundo o tipo de enfermidade que o afeta.[16] E por isso mesmo é necessário que tal diversidade curativa se manifeste pela diversidade do sinal.[17] É uma cura que ocorre não

---

[15] Id., *Breviloquium. Partie 6. Les remèdes sacramentels*, n. 2: "*De origine igitur sacramentorum hoc tenendum est, quod sacramenta sunt signa sensibilia, divinitus instituta tanquam medicamenta, in quibus 'sub tegumento rerum sensibilium divina virtus secretius operatur': ita quod ipsa 'ex similitudine repraesentant, ex institutione significant, ex sanctificatione conferunt aliquam spiritualem gratiam', per quam anima curatur ab infirmitatibus vitiorum, et ad hoc principaliter ordinantur tanquam ad finem ultimum: valent tamen ad humiliationem, eruditionem et exercitationem sicut ad finam qui est sub fine*".

[16] Cf. um comentário de D. Van den Eynde, *Les définitions des sacrements pendent la prémière période de la théologie scolastique (1050-1235)*: Antonianum 24 (1949).

[17] São Boaventura, *Breviloquium*, n. 3: "*Sic debet reparare et sanare genus humanum aegrotum, secundum quod competit ipsi aegrotanti, aegritudini et occasioni aegrotandi et ipsius aegritudinis curationi [...]. Ipse autem medicus est Verbum incarnatum. Deus scilicet invisibilis in natura visibili. Homo aegrotus est non tantum caro, sed spiritus in carne mortali. Morbus autem est originalis culpa*". "*Ad hoc ergo, quod medicina correspondens esset omnibus supradictis, oportuit, quod non tantum esset spiritualis, verum etiam aliquid haberet de sensibilibus signis, ut, sicut haec sensibilia fuerunt animae occasio labendi, ita essent ei occasio resurgendi [...] Ut sic essent ex naturali similitudine repraesentantia, ex adiuncta institutione significantia, ex superaddita benedictione sanctificantia et ad gratiam praeparantia, per quam sanetur et curetur anima nostra*".

só pela graça redentora de Cristo, mas também pela pedagogia que implicam os próprios sacramentos, enquanto nos remetem a Deus criador (*similitudo*), a Cristo redentor que os instituiu (*institutio*) e à eficácia santificante pelo Espírito (*benedictio*). Desse modo, cumprem também uma tríplice finalidade: a de exercitar-nos contra a concupiscência, a de instruir-nos contra a ignorância, a de mover-nos à humildade contra o orgulho, fazendo-nos assim conscientes da necessidade que temos deles.[18]

A compreensão medicinal dos sacramentos por São Boaventura corresponde não só a uma concepção soteriológica, mas também a uma concepção antropológica integral. É certo que fundamentalmente pensa na cura espiritual, mas incluindo a cura corporal, e ambas representadas no sinal do sacramento. A *medicinalis curatio* (corporal) depende da *medicamenta santificatio* (espiritual), e ambas dependem da continuação da obra curadora de Cristo, verdadeiro "médico" do corpo e da alma.[19]

2. Os teólogos "tridentinos" da Escola de Salamanca

Também os teólogos "neoescolásticos" dos tempos do Concílio de Trento, em especial os teólogos da Escola de Salamanca (Francisco de Vitória, Melchior Cano, Domingos Soto), expressam essa mesma concepção "curativa" dos sacramentos.[20]

---

[18] Ibid., 4: "*Ideo oportuit haec signa sensibilia divinitus dari, quae non solum sanctificarent et gratiam conferrent ac per hoc sanarent, verum etiam significatione erudirent et susceptione humiliarent et diversificatione exercitarent; ut sic per exercitationem exclusa accidia a concupiscibili, per eruditionem exclusa ignorantia a rationali, per humiliationem exclusa superbia ab irascibili, tota anima curabilis fieret a gratia Spiritus Sancti, quae reformat nos secundum has tres potentias ad imaginem Trinitatis et Christi*".

[19] Cf. J. G. Bougerol, Introduction à Saint Bonaventure, Paris 1988; P. Prétot, *Sacrements de guérison: deux dimensions du salut*: La Maison Dieu 245 (2006) 7-46, aqui 23-29.

[20] Cf. uma completa exposição do pensamento sacramental destes autores em D. Borobio, *Sacramentos en general. Bautismo y confirmación en la Escuela de Salamanca (Vitoria, Cano, Soto)*, Salamanca 2007.

a) *Francisco de Vitória (1483-1546)*

É o fundador e um dos autores mais importantes da chamada Escola de Salamanca. Em seu comentário à *Summa Theologica* de Santo Tomás, especialmente quando se refere ao "fundamento antropológico" da diversidade de sacramentos, recolhe tal concepção medicinal ou "curadora" dos sacramentos.[21]

Seguindo Tomás de Aquino,[22] Francisco de Vitória recorda que os sacramentos têm duas finalidades: aperfeiçoar o homem em sua vida espiritual ou culto religioso e oferecer-lhe um remédio contra o pecado. Ambas as finalidades encontram seu fundamento na semelhança que a vida espiritual mantém com a vida corporal, porque nos dois casos se fala de "vida". Pois bem, assim como a vida corporal se aperfeiçoa e cresce de maneira dupla – uma avançando em seu crescimento e outra removendo as dificuldades –, assim sucede na vida espiritual. Seguindo esse processo da vida natural, podemos explicar também os distintos sacramentos, tanto em seu aspecto de crescimento na graça como em sua ajuda para superar a dificuldade do pecado ou ser remédio contra o pecado.

Assim, o primeiro momento ou perfeição acontece na própria geração, pela qual viemos à existência. E a essa geração corresponde o batismo, razão por que o chamamos de "regeneração", já que o homem morto pelo pecado recebe

---

[21] Aqui empregamos a edição de T. de Chaves, *Summa Sacramentorum Ecclesiae, ex doctrina fratris Francisci a Vitoria*, Salamanca 1567, cujo título é acompanhado por este esclarecimento: "*Huic ex tertia auctoris recognitione, nunc denuo multo plures quam antea quaestiones accesserunt, necnon et sanctorum Conciliorum, praesertim Tridentini et aliorum decretis aucta, locupletata atque illustrata est*".

[22] *Ibid.*, p. 6: "*Sufficientiam et congruitatem huius numeri docet Summa Theologica, III, q. 65, a. 1. Sacramenta ecclesiastica ordinantur ad dua, scilicet ad perficiendum hominem in vita spirituali, seu in cultu christianae religionis, et in remedium contra peccatum, et quantum ad utrumque convenienter sunt*".

a nova vida pelo banho de regeneração e de renovação (cf. Tt 3,5): "A vida se aperfeiçoa, em primeiro lugar, pela geração, quando se adquire a vida, e para essa situação se propõe o batismo, porque estando o homem morto pelo pecado recebe a vida pela lavação da água da regeneração e da renovação"[23].

O segundo momento em relação à perfeição é o crescimento, expresso no sacramento da confirmação, que foi instituído de modo principal em Pentecostes, quando o Senhor disse a seus discípulos que permanecessem na cidade até receber a força do alto.[24]

A terceira perfeição da vida corporal consiste no alimento pelo qual conservamos a vida, e a isso corresponde a eucaristia, segundo o que diz o Capítulo 6 do Evangelho de João: "Se não comerdes a carne do Filho do homem e não beberdes o seu sangue, não tereis a vida em vós mesmos"[25].

Isso seria suficiente para uma vida perfeita e saudável; não obstante, visto que ao homem de vez em quando lhe sobrevêm enfermidades, também necessita dispor de remédios. Estes devem ser duplos: um medicinal, para vencer a enfermidade; o outro fortificante, para recuperar as forças. Assim acontece também na vida espiritual: para superar a enfermidade do pecado, dispomos do sacramento da penitência, segundo o que diz o Salmo 40,5: "Sarai-me, porque pequei

---

[23] Ibid. O texto de Santo Tomás diz: *"Per se autem perficitur corporalis vita tripliciter. Primo quidem, per generationem, per quam homo incipit esse et vivere. Et loco huius in spirituali vita est baptismus, qui est spiritualis regeneratio: secundam illud ad Tit 3,5: 'per lavacrum regenerationis etc.'"* (Summa Theologica, III, q. 65, a. 1).

[24] Ibid. *"Secundo, per argumentum, quo aliquis perducitur ad perfectam quantitatem et virtuem. Et loco huius in spirituali vita est confirmatio, in qua datur Spiritus Sanctus ad robur. Unde dicitur discipulis iam baptizatis, Lc 24,49: 'Sedete in civitate quousque induamini virtute ex alto'"*.

[25] Ibid. *"Tertio, per nutritionem, qua conservatur in homine vita et virtus. Et loco huius in spirituali vita est eucharistia. Unde dicitur Jo 6,54: 'Nisi manducaveritis...'"*.

contra vós"[26]. Para superar os resquícios do pecado dispomos de outro sacramento, a extrema-unção, de acordo com que afirma o Capítulo 5 da Carta de Tiago: "E se ele cometeu pecados, ser-lhe-ão perdoados"[27].

Finalmente, refere-se àquelas situações que se relacionam mais diretamente a um serviço em favor da comunidade (*In ordine autem ad communitatem perficitur homo dupliciter*). Nesse sentido, o homem se aperfeiçoa de uma dupla maneira, que é seguida de dois sacramentos: 1) o homem se aperfeiçoa assumindo o poder de dirigir ou governar a comunidade, ao que corresponde o sacramento da ordem;[28] e 2) o homem se aperfeiçoa pela propagação da espécie, ao que corresponde o matrimônio, em que se dá o aperfeiçoamento tanto da vida corporal como da espiritual.[29]

O autor segue, portanto, o pensamento de Santo Tomás, aplicando-o e explicando-o em seu contexto teológico. Nessa mesma linha convém ressaltar a relação que estabelece entre as diversas situações da vida e os sacramentos, dos quais um dos objetivos consiste precisamente em curar tanto a enfermidade ou fragilidade espiritual como a corporal.

---

[26] Ibid. "*Sed quia homo incurrit interdum et corporalem infirmitatem et spiritualem, scilicet peccatum, ideo necessária est homini curatio ab infirmitate. Quae quidem est duplex. Una quidem est sanatio, quae sanitatem restituit. Et loco huius in spirituali vita est poenitentia: secundum illud Ps 40,5: 'Sana animam meam quia peccavi tibi'*".

[27] Ibid. "*Alia autem est restitutio valetudinis pristinae per convenientem diaetam et exercitium. Et loco huius in spirituali vita est extrema unctio, quae removet peccatorum relíquias, et hominem paratum reddit ad finalem gloriam. Unde dicitur in Iac 5,15: 'Et si in peccatis sit, dimittetur ei'*".

[28] Ibid., p. 6-7. "*Uno modo suscipiendo potestatem regendi: et loco istius succedit ordo*". O texto de Santo Tomás diz: "*Perficitur autem homo in ordine ad totam communitatem dupliciter. Uno modo, per hoc quod accipit potestatem regendi multitudinem, et exercendi actus publicos. Et loco huius in spirituali vita est sacramentum ordinis, secundum illud Heb 7,27: 'Quod sacerdos hostiam offerunt non solum pro se, sed etiam pro populo'*".

[29] Ibid., p. 7: "*Alio modo secundum naturalem propagationem, quod fit per matrimonium, tam in corporali quam in spirituali vita*". Santo Tomás o expressa assim: "*Secundo, quantum ad naturalem propagationem. Quod fit per matrimonium, tam in corporali quam in spirituali vita: eo quod est non solum sacramentum, sed naturae officium*".

b) *Melchior Cano (1509-1560)*

Autor fundamental da Escola de Salamanca, que consolida e sistematiza em sua obra *De locis theologicis* (1540ss) o método teológico da Escola. Seu pensamento sacramental encontra-se na lição "Sacramentos em geral" (*De sacramentis in genere*), da qual resumimos o aspecto que aqui nos interessa.[30]

Começa Cano com um "Proêmio" revelador, no qual manifesta a chave sob a qual quer interpretar os sacramentos. Assim, cita como "Tema de sua lição" (*Thema relectionis*) o texto do bom samaritano: "Aproximando-se, atou-lhe as feridas, deitando nelas azeite e vinho" (*Samaritanus appropinquans alligavit vulnera ejus, infundens oleum et vinun*) (Lc 10,34). Com isso deseja indicar que para ele os sacramentos não só são manifestação da misericórdia, da solicitude e da proximidade de Deus, mas também o remédio que nos oferece para as feridas de nossa fragilidade e de nossos pecados.

Ao tratar de explicar o versículo do bom samaritano que propõe como tema, reconhece que já o havia empregado o *Magister Sententiarum* (Pedro Lombardo), e que sua intenção consiste em mostrar como Deus está próximo dos homens não em razões de parentesco natural (carne ou sangue), e sim em razão de sua humanidade e sua benevolência. Neste sentido, oferece a seguinte interpretação da parábola: os assaltados, os espoliados e feridos do caminho entre Jerusalém e Jericó somos na realidade os que estamos sob o pecado; Cristo é o verdadeiro Samaritano que se sente próximo e afetado em seu ser pela comunhão com a natureza do homem decaído; ele é o próximo (vizinho) que

---

[30] A *Relectio de sacramentis in genere*, Salamanca 1551, e a *Relectio de sacramento poenitentiae*, Salamanca 1555. A edição que empregamos está prolongada por A. P. Hyacintho Serry, *Melchoris Cani Episcopi Canariensis, ex ordine Praedicatorum Opera. In hac primum editione clarius divisa*, Madrid 1760. A "Relectio de sacramentis in genere" ocupa as páginas 491-528.

nos toma sob sua guarda, aplica os remédios espirituais adequados às feridas de nossos pecados e nos cura. Essas medicinas são os sacramentos.[31] Quando começa a explicar a noção de sacramento, a partir da proposta por Santo Agostinho (*sacramentum est sacrae rei signum*), uma das dificuldades que assinala referindo-se ao caso do matrimônio é que este, no estado de inocência, era já sinal de uma realidade sagrada (união de Cristo e da Igreja); não obstante, não era propriamente sacramento, porque naquele estado nem havia enfermidade (pecado) nem resultava necessária a medicina, o que é próprio da finalidade dos sacramentos da Nova Aliança.

Na hora de especificar sua opinião sobre a causalidade sacramental, Cano também explica que a eficácia justificadora e salvadora dos sacramentos abrange a totalidade da pessoa. Sua tese assim se exprime: "Os sacramentos são causas instrumentais de ordem moral de nossa graça e de nossa salvação",[32] na qual seu fundamento é cristológico-eucarístico; não sem razão, o que se afirma da eucaristia – que nos lava e limpa do pecado pelo sacrifício de Cristo – afirma-se igualmente de todos os sacramentos, isto é, que são causas eficazes do perdão e da salvação.[33] A redenção e a salvação operadas por Cristo, quis ele que se

---

[31] *Ibid.*, 492: "Descendens homo in civitatem Jerico, humanum genus intelligitur, cui vulnerato, spoliato, jacenti, semineci post peccatum, Christus Jesus, revera Samaritanus, hoc est, custos unicus ipse noster, naturae etiam communione propinquus effectus, medicinas adhibuerit spirituales, quibus peccatorum omnium vulneribus mederetur. Has nos medicinas Sacramenta vocamus, deque his disputationem suscepimus, quinque praecipue partibus continendam".

[32] R. González, *La doctrina de Melchor Cano en su "Relectio de sacramentis", y la definición del Tridentino sobre la causalidad de los sacramentos*: Revista española de teología 5 (1945) 477-495, aqui 482.

[33] M. Cano, *Relectio de sacramentis in genere* IV, 522. Segundo 1Jo 1,7: "*Sanguis Jesu Christi emundat nos ab omni peccato* [...] (Ap 1,5; 12,11; Rm 3,25) [...] *Eodem ergo sensu sacramenta dici poterunt lavare, mundare, causae esse nostrae victoriae ac remissionis peccatorum, quo sanguis Christi lavat, mundat, peccataque remittit*".

nos comunicasse por meio dos sacramentos da nova lei. E assim como Cristo por sua humanidade (*instrumentum conjunctum divinitatis*) redimiu o gênero humano, perdoando--nos nossos pecados, assim os sacramentos da nova lei são os instrumentos que Cristo hoje emprega para comunicar e completar essa redenção. Cristo é a causa principal de nossa justiça, nossa santificação e nossa redenção, mas quis que tal justiça se nos comunicasse atualmente de forma especial pelos sacramentos. "De onde se deduz que a mesma causalidade que o sangue de Cristo, sua paixão ou humanidade exercem em nossa graça e em nossa justificação, deve-se aplicá-la aos sacramentos, isto é, uma causalidade eficiente instrumental de ordem moral."

c) *Domingos Soto (1495-1560)*

Este eminente teólogo da Escola de Salamanca oferece um estudo completo de todas as questões relativas aos "Sacramentos em geral" (*De sacramentis in genere*) em sua obra *Comentarios a los IV libros de las Sentencias*.[34] Baseando-se em Santo Tomás e defendendo a doutrina do Concílio de Trento, leva à realização uma reflexão sistemática em diálogo com as correntes teológicas e as questões propostas em seu tempo por Scotus, Durando, Cayetano, Erasmo e especialmente Lutero e os reformadores. Também em sua obra se acha presente a visão curativa dos sacramentos.

Ao explicar e analisar as diversas definições de "sacramento" e sua necessidade, recolhe a opinião de Hugo de São Vítor, para o qual são três as razões desta necessidade: a erudição, a humildade e a exercitação (*Tria fuit necessitas: scilicet eruditio, humiliatio et exercitatio nostra*). Mas por quê?

---

[34] D. Soto, *Commentariorum Fratris Dominici Soto Segobiensis... In quartum Sententiarum*, tomus Primus, Salamanca 1570: *Distinctio Prima. De sacramentis in genere*, p. 3ss.

A *eruditio* ou instrução, em razão da pedagogia divina, pois a providência divina, tendo em conta nossa condição natural e nossa capacidade, adapta-se de modo congruente aos homens, para que pelos sinais visíveis possamos chegar ao mistério do invisível.[35]

A *humiliatio* ou humilhação, em razão do pecado do homem, pois, uma vez que o homem caiu no pecado e se afastou de Deus, era necessário que Deus nos oferecesse um antídoto contra a fragilidade e a enfermidade do pecado, de maneira que também através de elementos sensíveis se expressasse nossa submissão a Deus, dominando assim nossa soberba.

E a *exercitatio* ou exercitação porque a religião cristã não deve ser ociosa, e por isso nos mandou que nos exercitássemos nas cerimônias ou ritos sacramentais.

E esta necessidade se deve também aos efeitos de graça que Deus quer nos oferecer pelos sacramentos, entre os quais se deve distinguir: o efeito principal, que é a graça justificante, segundo o que diz o apóstolo em Efésios 5,25-26: "Cristo amou a Igreja e se entregou por ela, para santificá-la, purificando-a pela água do batismo"; o que afirma João em 6,54, referindo-se à eucaristia: "Quem come a minha carne e bebe o meu sangue tem a vida eterna"; e segundo diz o próprio Paulo em Gálatas e afirma o Concílio Florentino, aqui se enraíza justamente a diferença entre os sacramentos da antiga lei e os da nova lei: aqueles purificavam só a carne ou o exterior, ao passo que estes santificam para a limpeza do corpo e da alma; aqueles eram só sinais frágeis que anunciavam o futuro da verdade cristã, enquanto estes, visto que emanam do lado de Cristo aberto pela lança na cruz, têm

---

[35] *Ibid.*, 3: "Congruens fuit ut per haec visibilia signa de latentibus mysteriis divinitus erudiremur".

a virtude de conferir a graça que santifica. Como diz São João, "a lei nos foi dada por Moisés, a graça e a verdade se realizaram por Jesus Cristo"[36].

Para entender o que é um "sacramento" convém partir de sua etimologia: "sacramento deriva de sacro", da mesma maneira que "medicamento provém de medicina". Portanto, de modo geral, "sacramento" significa algo sagrado, isto é, algo que em si mesmo é santo.[37]

Outro significado fundamental da palavra "sacramento" é que se trata de um sinal sensível da graça (*Tertia demum significatio huius vocis est: qua significant sensibilia signa gratiae*). Alguns, todavia, preferem insistir em seu aspecto simbólico e misterioso. Isso sim, como dirão Pedro Lombardo e depois Santo Tomás: os sacramentos são sinais, mas sinais eficazes da graça, que santificam eficaz e formalmente, não como os sinais da antiga lei, que tão somente significavam a graça à maneira de causa final que devia se realizar em Cristo.[38] Isso quer dizer que quando falamos de "sacramento" não entendemos esse termo em sua materialidade mesma, mas enquanto, por instituição divina, representa e significa uma graça ou um mistério escondidos, como afirma Santo Agostinho.[39] E para que isso seja assim se requer

---

[36] Ibid., 4: "*Quocirca non nisi ut signa futurae christianae veritatis instituebantur; nostra vero, ut quae in Christo latere pendentis in cruce promanarunt, virtutem habent ejusdem conferendae gratiae, quam significant. Nam lex, inquit Joan. Per Moysem data est, gratia et veritas per Jesum Christum facta est*".

[37] Ibid., 7-8: "*Sacramentum autem significat rem sacram generaliter, hoc est, rem quae vel in se habet sanctitatem, vel illam efficit, vel per illam efficiatur, vel illi dedicatur, vel illa repraesentat, ut patet in nomine fanum. Unde sacramentum primum omnium idem significant, quod sacrum mysterium in quo latet sanctitas, sicut fanum significant animal*".

[38] Ibid., 9: "*Baptismus enim significat gratiam, non quatenus illa efficit, sed quatenus per illam ii, qui baptizantur, formaliter ab originali abluuntur. Sacramenta vero vetera significabant gratiam per modum causae finalis, quae per Christum nobis erat conferenda*".

[39] Ibid., 9: "*Hoc est propter ea esse sacramenta, quod gratiam illic reconditam institutione Dei repraesentant*". O texto de Santo Agostinho que cita é este: "*Signum enim est res, praeter speciem quam ingerit sensibus aliquid aliud fascines ex se in cognitionem venire*".

uma semelhança entre sinal e significado, entre o corporal e o espiritual, pois sem tal semelhança não seriam verdadeiramente sacramentos, como afirma Pedro Lombardo.[40] Em conclusão, e seguindo Santo Tomás, deve-se dizer que os sacramentos evangélicos não só são sinais da graça, mas também causas. Porém é preciso ter claro desde o princípio que Cristo é a origem dos sacramentos, o único que os instituiu por sua paixão e sua cruz, de onde manam a salvação e a reconciliação. E daqui se depreendem duas consequências: 1) que os sacramentos são remédios e medicinas contra a enfermidade de nosso pecado; e 2) que os sacramentos são as cerimônias ou celebrações centrais de nossa religião, pelas quais, ao mesmo tempo em que prestamos culto a Deus, nós seres humanos somos santificados: *Primum, quod sunt remedia et medicamina nostra contra pecatti morbum; deinde quod sunt religionis nostrae ceremoniae*[41].

E referindo-se a se é necessário explicar os sacramentos desde a "causalidade instrumental", afirma que não, porque pertencem à natureza dos sacramentos essencialmente duas coisas: 1) que são medicinas e remédios por meio dos quais Deus nos cura de nossos pecados; e 2) que são cerimônias ou ritos da religião cristã pelos quais somos instruídos e rendemos culto a Deus, e pelos quais Deus mesmo santifica os que os recebem. Isto é o que pertence à essência de nossa fé. Não, porém, que sejam causas instrumentais de nossa santificação, mas somente

---

[40] *Ibid.*, 9: "*Sacramentum eius similitudinem gerit, cuius signum est. Si enim non haberent similitudinem rerum, quarum sacramenta sunt, proprie sacramenta non dicerentur*"; P. Lombardo, *Sententiae in IV Libris distinctae*, tomus II, liber I, cap. 4: "*Quid proprie dicitur sacramentum. Sacramentum enim proprie dicitur, quod ita signum est gratiae Dei et invisibilis gratiae forma, ut ipsius imaginem Herat et causa existat. Non igitur significando tantum gratia sacramenta Instituta sunt, sed et sanctificandi*".

[41] *Ibid.*, 9: "*Est hic statim in initio ab oculos proponenda. In Christo namque domino nostro et eius passione duo sunt animadvertenda: nempe quod in cruce fuit tunc redemptor noster, per quem salutem spiritualem consequimur, tunc subinde religionis nostrae institutor. Illic namque primus princeps sacerdosque noster sese obtulit sacrificium pro nostra reconciliatione. Ex quibus alia duo similia colligitur in esse sacramentis nostris, quae inde effluxerunt*".

(como afirma o papa Gregório) que sob o véu do visível Deus atua com seu poder nossa salvação. Portanto, basta que se diga na definição que é "sinal de uma realidade sagrada"[42].

Quando se refere à necessidade dos sacramentos para a salvação, repete o argumento de Santo Tomás: são necessários devido a que o homem, perdendo sua primeira inocência, caiu no pecado. Se pelo pecado caímos na enfermidade, necessitávamos de um medicamento correspondente e adequado: os sacramentos. Se pela soberba pecamos, pela humildade que os sacramentos exigem aprendemos a obedecer, como afirmam Hugo e o Magister. A imagem enfermidade-medicina é considerada por Soto e outros autores fundamental para entender as necessidade dos sacramentos.[43]

Quanto ao efeito da graça dos sacramentos ou graça sacramental, ainda que se distinga entre os diversos sacramentos, também afirma seu efeito medicinal. O auxílio especial da graça sacramental é uma força contra a fragilidade da natureza, na situação concreta à qual se refere cada sacramento. O objetivo dos sacramentos como *remedium peccati* ou como *medicina peccati* é o que especifica também a graça do sacramento. Não se trata de uma graça que se oponha às virtudes e aos dons, mas de uma graça que os potencializa com especial eficácia contra os pecados da vida passada e da futura.[44]

---

[42] Ibid., 14: "Satis ergo pro definitione dicere Sacramentum esse sacrae rei signum, si rei sacrae significatum satis perspiciamus [...] nempe ad sacramentorum naturam duo essentialiter pretinere: sunt enim tum medicinae et remedia, quibus nostris Deus peccatis medetur; tum etiam caeremoniae religionis christianae, quibus nos ipsum vicisim colimus. Ex quo inhibi collegimus, quod substantia fidei nostrae est per sacramenta doceri ac perinde eorum exercitio confiteri, quemadmodum Deus nos eorum susceptione sanctificat. Quod autem illa sint eiusdem sanctificationis causa instrumentalis, non pertinet ad religionem fidei".

[43] Ibid., 37: "Sacramenta non sunt res naturales, sed supernaturaliter instituta in remedium peccati. In illo autem statu per iustitiam originalem congruentissime illis ac sufficientissime prospectu erat, ut illo durante statu nec peccatum homines facerent, neque metuerent, quia nec ignorantia nec corruptis effectionibus laborabant. Quare nec alia praeservativa opus habebant medicina. Sane quae non applicatur nisi illis quibus morbus timetur".

[44] Ibid., 58.

Como é lógico, ao explicar o número dos diversos sacramentos e a diferença entre eles, também recorre à imagem "medicinal". Os sacramentos respondem às diversas situações da vida do homem como indivíduo:

- À geração, que nos dá a vida corporal, responde com a nova vida espiritual pelo batismo.
- Ao crescimento, que implica a força para atuar na vida, responde com o aumento de graça pela confirmação.
- À necessidade de alimento cotidiano para sobreviver, responde com o alimento espiritual da eucaristia.
- À situação de pecado, que afeta o corpo e a alma, responde com o remédio espiritual para curar sua enfermidade mediante a penitência.
- E como às vezes vai unida à enfermidade do corpo, e necessita de convalescença e exercício, responde com a unção dos enfermos.[45]

Em conclusão, pode-se dizer que os três autores estudados têm em consideração a dimensão curativa ou sanante dos sacramentos, baseados em um argumento soteriológico (necessidade de salvação da enfermidade do pecado: alma e corpo) e em um argumento antropológico (o homem necessita permanentemente ser curado de seus pecados e de suas enfermidades). E essa cura se realiza, na atual economia, pelos sacramentos, e de maneira especial pela penitência e pela unção dos enfermos.

---

[45] *Ibid.*, 120-122: "*Sicut enim in vita temporali alia est species motus, vel mutationis generatio, qua adquiritur esse, et alia augmentatio, qua adquiritur quantitas, et alia nutritio, qua conservatur esse, et alia sanitas, qua pellitur morbos, atque alia vegetatio contra debilitatem valetudinarii: sic in vita spirituali formaliter distinguntur baptismus, confirmatio, eucharistia, poenitentia, ex extrema unctio. Inter ordinis autem sacramentum et matrimonium, quorum hoc ad procreandos naturales filios, illud vero ad propagandos spirituales instituta sunt, liquida est differentia*".

SACRAMENTOS E CURA NO MAGISTÉRIO DA IGREJA

O tema dos sacramentos como *remedium peccati*, e portanto como cura espiritual ou corporal, se bem que tenha continuado a ser tratado nos mesmos termos por parte de outros teólogos da Igreja, ficou um tanto marginalizado devido a vários fatores: o desenvolvimento da ciência e da tecnologia a partir do Iluminismo; a compreensão fragmentária do ser humano como corpo, mente e alma; a tendência a considerar a enfermidade a partir da desarmonia corporal, com o esquecimento de outras dimensões; e a influência da psicologia e da psiquiatria, que pretendem explicar a totalidade desde a mente e os mecanismos psicológicos etc. Tudo isso, unido a uma renovação da teologia e da pastoral dos sacramentos, que insiste mais em categorias "positivas" de encontro, relação, comunicação e símbolo, conduziu a não se dar relevância à dimensão que nos ocupa neste estudo.

Foi necessário esperar o século XX para redescobrir uma nova consciência mundial e eclesial da importância que este aspecto tem no sentido de promover uma saúde integral. Os estudos de medicina científica e da história e da fenomenologia das religiões, realizados por organizações ecumênicas diversas (Comissão Médica Cristã e Conselho Mundial de Igrejas, entre outras), mostraram que são muitos os fatores responsáveis pelas diversas enfermidades e rupturas de relações, pelo sentimento crescente de vazio vital e desorientação espiritual, pelo enfraquecimento das defesas naturais do corpo para combater infecções e transtornos bioquímicos ou outras formas de transtornos e desequilíbrios físicos, emocionais e mentais. E, no meio de tudo isso, o que se mostra evidente é que o ser humano é uma "unidade multidimensional", uma "totalidade integradora". O corpo, a alma e a mente não são entidades separadas, mas inter-relacionadas e interdependentes. Portanto, saúde e enfermidade têm dimensões físicas, psíquicas, morais, sociais, espirituais. O ser individual também faz parte da comunidade, razão por que a saúde tem uma dimensão relacional e social. E devido à interação com o ambiente natural (biosfera) e cultural (cultura própria), também das pessoas ou comunidades, a saúde e a enfermidade apresentam igualmente uma dimensão comunitária e ecológica contextualizada.[1]

Neste contexto geral precisamos situar as contribuições mais recentes do magistério da Igreja católica, a partir do Concílio Vaticano II. Vamos nos deter nos textos do Vaticano II, no magistério de João Paulo II e na instrução da Congregação para a Doutrina da Fé (neste capítulo), mais os rituais e o *Catecismo da Igreja Católica* (no capítulo a seguir).

1. O Concílio Vaticano II

Não se pode afirmar que o Vaticano II trate em seus diversos documentos da "dimensão curativa dos sacramentos", mas sim que manifestou uma clara consciência de sua missão profética e libertadora em favor dos enfermos e da dor do mundo, em continuidade com o ministério de Cristo. Já Paulo VI havia proclamado: "A Igreja, chegando à janela do Concílio, aberta sobre o mundo, olha com particular interesse para determinadas categorias de pessoas. Olha para os pobres, para os necessitados, para os enfermos, para os

---

[1] Cf. Conselho Mundial de Igrejas, Documento preparatório 11: *La misión de sanación en la Iglesia*, n. 28-29.

aflitos, para os famintos, para os encarcerados, isto é, olha para toda a humanidade que sofre e chora"². Por sua parte, o Concílio insiste uma e outra vez que a Igreja, seguindo as pegadas de Cristo, "envolve em seus cuidados amorosos todos os angustiados pela fraqueza humana" (*Lumen Gentium*, 8), une-se "de modo especial aos pobres e aflitos" (*Ad Gentes*, 12), reivindica com especial direito "a misericórdia para com os pobres e enfermos" (*Apostolicam Actuositatem*, 8) e quer levar a esperança a todos aqueles que se perguntam pelos "enigmas da vida e da morte, do pecado e da dor" (*Gaudium et Spes*, 21).

O próprio fato de a constituição da liturgia formular o programa para a revisão do rito da "extrema-unção",³ considerando como ocasião mais própria para sua celebração a enfermidade grave, confirma que se tinha consciência de que o sacramento deve atender a tudo aquilo que implique a ajuda pastoral em tais circunstâncias, como se afirmará de modo mais explícito no "Ritual da unção e a pastoral dos enfermos". Esse ritual, o único que inclui em seu título o termo "pastoral", afirma não só que a Igreja, como corpo de Cristo, padece quando um de seus membros padece, mas que o exercício da misericórdia com os enfermos é parte fundamental de sua missão; mais ainda, que o ministério com os enfermos, ainda que contemple o homem em sua totalidade, deve unir seu esforço aos avanços técnicos e científicos; que, finalmente, a luta contra a enfermidade é algo que compete a todo cristão.⁴

---

² Paulo VI, *Discurso de apertura de la Segunda sesión del concilio Vaticano II*, 5.
³ *Sacrosanctum concilium*, 73: "A 'extrema-unção', que também e melhor pode ser chamada 'unção dos enfermos', não é um sacramento só dos que estão no fim da vida. É já certamente tempo oportuno para a receber quando o fiel começa, por doença ou por velhice, a estar em perigo de morte" [transcrito de *Documentos da Igreja*, vol. 1, p. 61, Paulus. N. do trad.].
⁴ *Ritual de la unción y la pastoral de enfermos*, Prenotandos, n. 3-4, 32-33.

2. João Paulo II

O papa João Paulo II manifestou sempre uma especial sensibilidade para com o mundo dos enfermos, como se constata em suas mensagens, homilias e, sobretudo, na carta apostólica *Salvifici doloris*.[5] Destacamos, em continuação, alguns de seus pensamentos mais relevantes.

a) *Carta apostólica "Salvifici doloris", sobre o sentido cristão do sofrimento humano*

Começa propondo como texto-guia o seguinte versículo da Carta aos Colossenses: "O que falta às tribulações de Cristo – diz o apóstolo Paulo, indicando o valor salvífico do sofrimento –, completo na minha carne, por seu corpo que é a Igreja" (Cl 1,24). A partir dessas palavras, o Papa constata que o sofrimento é essencial à natureza humana, pois, "ainda que o homem conheça bem e tenha presentes os sofrimentos do mundo animal, não obstante o que expressamos com a palavra *sofrimento* parece ser particularmente *essencial à natureza do homem*. Todavia, o sofrimento adquire para o cristão um novo sentido, porque *a redenção* se realizou mediante a cruz de Cristo, ou seja, mediante o seu *sofrimento* (n. 1-4).

Depois da introdução, dedica o capítulo segundo a tratar do "mundo do sofrimento humano", destacando que o sofrimento é algo subjetivo e interrogativo para o homem, apesar dos avanços da medicina: "O homem sofre de diversos modos, nem sempre considerados pela medicina nem sequer em suas mais avançadas ramificações. O sofrimento é algo *ainda mais amplo* que a enfermidade, mais complexo e por sua vez ainda mais profundamente enraizado na própria humanidade. Uma certa ideia deste problema nos vem da distinção entre sofrimento físico e sofrimento moral" (n. 5). A Sagrada Escritura – afirma ele – "é

---

[5] João Paulo II, carta apostólica *Salvifici doloris*, sobre o sentido cristão do sofrimento humano (11-2-1984).

um grande livro sobre o sofrimento", tanto físico como psíquico, ao qual se refere nas diversas situações da vida, com sua raiz no mal e com suas consequências de dor, de tristeza, de desilusão, de abatimento e até de desespero. Todavia, "o cristianismo proclama o essencial *bem da existência* e o bem do que existe, professa a bondade do Criador e proclama o bem das criaturas. O homem sofre por causa do mal, que é uma certa falta, limitação ou distorção do bem" (n. 7). Junto disto recorda a quantidade de sofrimentos causados pelas "calamidades naturais, por epidemias, catástrofes e cataclismos, fome, guerras, injustiças".

O terceiro capítulo reflete desde o próprio título seu objetivo: "À busca de uma *resposta* para a pergunta sobre o sentido do sofrimento". Nesta linha propõe que o mistério de todo sofrimento guarda incontestavelmente em seu interior "*a pergunta: por quê?*. Trata-se de uma pergunta a respeito da causa, da razão; uma pergunta a respeito da finalidade (para que); definitivamente, a respeito do sentido. Esta não só acompanha o sofrimento humano, mas parece determinar inclusive o conteúdo humano, isso porque o sofrimento é propriamente sofrimento humano" (n. 9).

E, recorrendo à Escritura, enumera as respostas que dá o livro de Jó: castigo pelo pecado, provação e chamado à conversão, insistindo em que a verdadeira resposta só se encontra no mistério do amor divino:

> Mas para poder perceber a verdadeira resposta ao "porquê" do sofrimento, temos de voltar nosso olhar para a revelação do amor divino, fonte última do sentido de tudo que existe. O amor é também a fonte mais rica sobre o sentido do sofrimento, que é sempre um mistério; somos conscientes da insuficiência e da inadequação de nossas explicações. Cristo nos faz entrar no mistério e nos faz descobrir o "porquê" do sofrimento, enquanto somos capazes de compreender a sublimidade do amor divino (n. 13).

O capítulo quarto dirige seu olhar para "Jesus Cristo: o sofrimento vencido pelo amor". É que Cristo vence o mal, o pecado, a enfermidade e a morte com sua entrega e seu amor sem medida realizados na paixão, morte e ressurreição.

Como resultado da obra salvadora de Cristo, o homem existe sobre a terra *com a esperança* da vida e da santidade eternas. E embora a vitória sobre o pecado e a morte, conseguida por Cristo com sua cruz e ressurreição, não suprima os sofrimentos temporais da vida humana, nem liberte do sofrimento toda a dimensão histórica da existência humana, não obstante, sobre toda essa dimensão e sobre cada sofrimento, esta vitória *projeta uma luz nova*, que é a luz da salvação (n. 14).

Trata-se de uma vitória que Jesus já começou a realizar durante sua vida, em seu ministério com os enfermos, em obediência e disposição a assumir o sofrimento humano, convertendo-o em fonte de amor e de perdão, que culmina com a autoentrega sacrifical. O papa continua:

> Encontramos aqui a dualidade de natureza de um único sujeito pessoal do sofrimento redentor. Aquele que com sua paixão e morte na cruz realiza a Redenção é o Filho Unigênito de Deus. E ao mesmo tempo este *Filho da mesma natureza que o Pai sofre como homem*. Seu sofrimento tem dimensões humanas, tem também uma profundidade e uma intensidade – únicas na história da humanidade – que, mesmo sendo humanas, podem ter também uma incomparável profundidade e intensidade de sofrimento porquanto o Homem que sofre é em pessoa o mesmo Filho Unigênito: "Deus de Deus" (n. 17).

"Cristo sofre voluntariamente e sofre inocentemente." E nisso se manifesta a verdadeira resposta à questão sobre a dor:

Cristo dá a resposta à interrogação sobre o sofrimento e sobre o sentido do mesmo, não só com seus ensinamentos, isto é, com a Boa-Nova, mas antes de tudo com seu próprio sofrimento, o qual está integrado de uma maneira orgânica e indissolúvel com os ensinamentos da Boa-Nova. Esta é a palavra *última* e sintética deste *ensinamento*: "A doutrina da cruz", como dirá um dia São Paulo (n. 18).

No capítulo quinto explica João Paulo II como nós, seres humanos, "participamos nos sofrimentos de Cristo". Estas são suas belas palavras:

O Redentor sofreu em lugar do homem e pelo homem. *Todo homem tem sua participação na redenção.* Cada um está *chamado também a participar nesse sofrimento* mediante o qual se levou à realização a redenção. Está chamado a participar nesse sofrimento por meio do qual todo sofrimento humano ficou também redimido. Levando a efeito a redenção mediante o sofrimento, Cristo *elevou* juntamente *o sofrimento humano ao nível de redenção.* Por conseguinte, todo homem, em seu sofrimento, pode fazer-se também participante do sofrimento redentor de Cristo (n. 19).

Continuando, o papa desenvolve esse aspecto apoiado na teologia paulina da participação nos sofrimentos de Cristo. O capítulo sexto segue essa lógica ao falar do "evangelho do sofrimento", um evangelho que se escreveu ao longo da história, começando por Maria e continuando por tantos mártires e santos que sofreram por Cristo e em Cristo.

Trata-se, pois, de uma tarefa que deve se continuar na Igreja, exercendo o papel do "bom samaritano" (título do capítulo sétimo) com aqueles que sofrem.

A parábola do Bom Samaritano pertence ao evangelho do sofrimento. Indica, com efeito, qual deve ser a relação de cada um de nós com o próximo que sofre. Não nos é permitido "passar ao largo", com indiferença, mas devemos "parar" junto dele. Bom Samaritano *é todo homem que se detém junto do sofrimento de outro homem* de qualquer gênero que ele seja (n. 28).

A essa espontânea atividade "de bom samaritano" ou caritativa pode-se chamar atividade social, mas também *apostolado*, sempre que se empreenda por motivos autenticamente evangélicos, sobretudo se ocorre em união com a Igreja católica e com qualquer outra confissão cristã. A atividade voluntária "de bom samaritano" se realiza através de *instituições* adequadas, ou também por meio de *organizações* criadas para essa finalidade. Atuar dessa maneira tem uma grande importância, especialmente se se trata de assumir tarefas mais amplas, que exigem a cooperação e o emprego de meios técnicos (n. 29).

Trata-se, em definitivo, de viver o que diz o evangelho: "A mim o fizestes", pois, como conclui o texto:

> Estas palavras sobre o amor, sobre os atos de amor relacionados com o sofrimento humano nos permitem uma vez mais descobrir, na raiz de todos *os sofrimentos humanos, o mesmo sofrimento redentor de Cristo*. Cristo diz: "A mim o fizestes". Ele mesmo é aquele que em cada um experimenta o amor; ele mesmo é aquele que recebe ajuda, quando isto se faz a cada um que sofre sem exceção. Ele mesmo está presente em quem sofre, porque seu sofrimento salvífico se abriu de uma vez para sempre a todo sofrimento humano. E todos os que sofrem foram chamados de uma vez para sempre a ser partícipes "dos sofrimentos de Cristo", como todos são chamados a "completar" com o próprio sofrimento "o que falta aos padecimentos de Cristo". Cristo ao mesmo tempo ensinou o homem *a fazer o bem com o sofrimento e a fazer o bem a quem sofre*. Sob este duplo aspecto manifestou cabalmente o sentido do sofrimento (n. 30).

b) *Mensagens e discursos*

Além do mais, João Paulo II viveu de modo dramático a experiência da enfermidade e do sofrimento, referiu-se ao tema em numerosos discursos, homilias, alocuções e, sobretudo, nas "mensagens" com motivo na "Jornada Mundial do Enfermo". Esta jornada foi instituída em 13 de maio de 1992, através da carta dirigida ao cardeal Fiorenzo Angelini, presidente do Conselho Pontifício para a pastoral dos agentes sanitários.[6] Desde aquela data o Papa dirigiu a cada ano uma mensagem aos enfermos, expressando seu ensinamento sobre o sentido, a forma de viver e de atuar no momento da enfermidade. Em todos eles se reflete o pensamento exposto na *Salvifici doloris*. Oferecemos, como exemplo, parte da "Mensagem para a XI Jornada Mundial do Enfermo":

– "Nós vimos e testemunhamos que o Pai enviou seu Filho como Salvador do mundo [...]. Nós conhecemos e cremos no amor que Deus tem para conosco" (1Jo 4,14.16).

Estas palavras do apóstolo João sintetizam muito bem as finalidades da pastoral da saúde, por meio da qual a Igreja, reconhecendo a presença do Senhor nos irmãos afligidos pela dor, se esforça em levar-lhes o alegre anúncio do evangelho e oferecer-lhes sinais críveis de amor [...].

---

[6] Na carta indica-se claramente o objetivo desta "Jornada Mundial do Enfermo": "Sensibilizar o povo de Deus e, por conseguinte, as várias instituições sanitárias católicas e a própria sociedade civil, diante da necessidade de assegurar a melhor assistência possível aos enfermos; ajudar o enfermo a valorizar, no plano humano e sobretudo no sobrenatural, o sofrimento; fazer que se comprometam na pastoral sanitária de maneira especial as dioceses, as comunidades cristãs e as famílias religiosas; favorecer o compromisso cada vez mais valioso do voluntariado; recordar a importância da formação espiritual e moral dos agentes sanitários; e, por último, fazer que os sacerdotes diocesanos e regulares, assim como quantos vivem e trabalham junto dos que sofrem, compreendam melhor a importância da assistência religiosa aos enfermos" (n. 2).

Existem perguntas urgentes sobre a dor e a morte que, sentidas dramaticamente no coração de todo homem, não obstante as contínuas tentativas de evitá-las ou ignorá-las por parte de uma mentalidade secularizada, esperam respostas válidas. Especialmente diante das trágicas experiências humanas, o cristão está chamado a testemunhar a consoladora verdade de Cristo ressuscitado, que assume as feridas e os males da humanidade, inclusive a morte, e os converte em momentos de graça e de vida. Este anúncio e este testemunho devem ser comunicados a todos, em qualquer lugar do mundo.

– É de desejar que o evangelho da vida e do amor, graças à celebração da próxima Jornada Mundial do Enfermo, ressoe com vigor, especialmente na América, onde vive mais da metade dos católicos. No continente americano, como em outras partes do mundo, "parece perfilar-se um modelo de sociedade na qual dominam os poderosos, marginalizando e inclusive eliminando os fracos. Penso agora nas crianças não nascidas, vítimas indefesas do aborto; nos anciãos e nos enfermos incuráveis, objeto às vezes da eutanásia; e em tantos outros seres humanos marginalizados pelo consumismo e pelo materialismo. Não posso ignorar o recurso não necessário à pena de morte [...]. Semelhante modelo de sociedade se caracteriza pela cultura da morte e, portanto, está em contraste com a mensagem evangélica" (*Ecclesia in America*, 63). Diante desta preocupante realidade, como não colocar entre as prioridades pastorais a defesa da cultura da vida? Para os católicos que trabalham no campo médico-sanitário é uma tarefa urgente fazer todo o possível para defender a vida, principalmente quando está em perigo, atuando retamente com uma consciência formada segundo a doutrina da Igreja [...].

– Este campo privilegiado de apostolado concerne a todas as Igrejas particulares. É necessário, pois, que cada conferência episcopal, por meio de organismos apropriados, se esforce por promover, orientar e coordenar a pastoral da saúde, para fomentar em todo o Povo de Deus atenção e disponibilidade em relação ao complexo mundo da dor.

Para que este testemunho de amor seja cada vez mais digno de crédito, os agentes da pastoral da saúde devem atuar em plena comunhão entre si e com seus pastores.

Os hospitais católicos devem ser centros de vida e de esperança, onde se promovam, junto com o serviço dos capelães, os comitês éticos, a formação do pessoal sanitário leigo, a humanização dos cuidados aos enfermos, a atenção a suas famílias e uma particular sensibilidade para com os pobres e os marginalizados. O trabalho profissional tem de se concretizar em um autêntico testemunho de caridade, tendo presente que a vida é um dom de Deus, do qual o homem é somente administrador e garantidor.

– Esta verdade deve ser defendida constantemente diante do progresso das ciências e das técnicas médicas, que buscam a cura e uma melhor qualidade de vida para a existência humana. Com efeito, é um princípio fundamental que a vida deve ser protegida e defendida desde sua concepção até seu ocaso natural.

Como recordei na carta apostólica *Novo millenio ineunte*: "O serviço ao homem nos obriga a proclamar, oportuna e inoportunamente, que quantos se valem das *novas potencialidades da ciência*, especialmente no terreno das biotecnologias, nunca devem ignorar as exigências fundamentais da ética, apelando talvez a uma discutível solidariedade que acaba por discriminar entre vida e vida, com o desprezo da dignidade própria de cada ser humano" (NMI 51).

A Igreja, aberta ao autêntico progresso científico e tecnológico, aprecia o esforço e o sacrifício dos que, com entrega e profissionalismo, contribuem para elevar a qualidade do serviço oferecido aos enfermos, respeitando sempre sua dignidade inviolável. Cada intervenção terapêutica, cada experimentação, cada transplante devem ter em conta esta verdade fundamental. Portanto, nunca é lícito matar um ser humano para curar outro. E se na etapa final da vida são aconselháveis tratamentos paliativos, evitando a inquietação terapêutica, nunca será lícita ação alguma ou omissão que, por sua natureza e nas intenções do pessoal sanitário, seja dirigida a procurar a morte.

– É meu maior desejo que a XI Jornada Mundial do Enfermo suscite nas dioceses e nas comunidades paroquiais uma renovada dedicação à pastoral da saúde. Deve-se prestar uma adequada atenção aos enfermos que estão em sua própria casa, visto que a hospitalização vai se reduzindo cada vez mais e os enfermos frequentemente se encontram em mãos de seus familiares. Nos países onde faltam centros adequados de atenção, inclusive os enfermos terminais são deixados em suas vivendas. Os párocos e todos os agentes pastorais devem procurar que nunca lhes falte a consoladora presença do Senhor através da palavra de Deus e dos sacramentos [...].

– Queridos capelães, religiosos e religiosas, médicos, enfermeiros e enfermeiras, farmacêuticos, pessoal técnico e administrativo, assistentes sociais e voluntários, a Jornada Mundial do Enfermo vos oferece uma ocasião propícia que vos mova cada vez mais a ser generosos discípulos de Cristo, Bom Samaritano. Consciente de vossa identidade, descobri nos enfermos o rosto do Senhor sofredor e glorioso. Mostrai-vos disponíveis a dar-lhes assistência e esperança, sobretudo às pessoas afetadas por novas enfermidades, como a aids, ou as ainda presentes, como a tuberculose, a malária e a lepra.

A vós, queridos irmãos e irmãs que sofreis no corpo ou no espírito, vos desejo de coração que saibais reconhecer e acolher o Senhor que vos chama a ser testemunhas do evangelho do sofrimento, contemplando com confiança e amor o rosto de Cristo crucificado (cf. NMI 16) e unindo vossos sofrimentos aos seus.

Recomendo-vos todos à Virgem Imaculada, Nossa Senhora de Guadalupe, padroeira da América e saúde dos enfermos. Que ela escute a invocação que provém do mundo do sofrimento e enxugue as lágrimas dos que se encontram na dor; que esteja ao lado de todos que vivem na solidão sua enfermidade e, com sua intercessão materna, ajude os crentes que trabalham no campo da saúde a ser evidentes testemunhas do amor de Deus.[7]

3. Congregação para a Doutrina da Fé

A Congregação para a Doutrina da Fé publicou uma importante instrução intitulada "Sobre as orações para obter de Deus a cura" (14-9-2000).[8] Devido ao seu interesse, recolhemos os pontos fundamentais do texto, sintetizando algumas partes do documento.

a) *Introdução*

O anseio de felicidade, profundamente radicado no coração humano, foi acompanhado desde sempre pelo desejo de obter a libertação da enfermidade e de entender seu sentido quando se a experimenta. Trata-se de um fenômeno humano que, interessando de uma maneira ou de outra a toda pessoa, encontra na Igreja uma ressonância particular. Com efeito, a enfermidade se entende como meio de união com Cristo e de purificação espiritual e, por parte daqueles que se encontram

---

[7] Washington, 11 de fevereiro de 2003.

[8] Sendo prefeito da Congregação o cardeal Joseph Ratzinger e secretário Tarcisio Bertone.

diante da pessoa enferma, como uma ocasião para o exercício da caridade. Mas não só isso, visto que a enfermidade, como os outros sofrimentos humanos, constituem um momento privilegiado para a oração: seja para pedir a graça de acolher a enfermidade com fé e aceitação da vontade divina, seja para suplicar a cura.

A oração que implora a recuperação da saúde é, portanto, uma experiência presente em toda época da Igreja, e naturalmente o é no momento atual. O que constitui um fenômeno de certo modo novo é a multiplicação de encontros de oração, unidos às vezes a celebrações litúrgicas, cuja finalidade é obter de Deus a cura, ou melhor, as curas. Em alguns casos, não de todo esporádicos, se proclamam curas realizadas, suscitando-se assim esperanças de que o mesmo fenômeno se repetirá em outros encontros semelhantes. Neste contexto às vezes se apela a um pretenso carisma de cura.

Semelhantes encontros de oração para obter curas propõem além do mais a questão de seu justo discernimento do ponto de vista litúrgico, com particular atenção à autoridade eclesiástica, à qual compete vigiar e dar normas oportunas para o reto desenvolvimento das celebrações litúrgicas.

Pareceu, por conseguinte, oportuno publicar uma "Instrução" que, seguindo o cânon 34 do *Código de direito canônico*, sirva sobretudo para ajudar os ordinários do lugar, de maneira que possam guiar melhor os fiéis nesta matéria, favorecendo tudo que há de bom e corrigindo o que se deve evitar. Era preciso, não obstante, que as disposições disciplinares tivessem como ponto de referência um marco doutrinal bem fundamentado, que garantisse sua justa orientação e esclarecesse sua razão normativa. Com esta finalidade, a Congregação para a Doutrina da Fé, simultaneamente à já mencionada Instrução, publica uma "Nota" doutrinal sobre a graça da cura e as orações para obtê-la.

b) *Aspectos doutrinais*

Sob o título "Enfermidade e cura. Seu sentido e valor na economia da salvação", resumem-se os dados principais que, tanto no Antigo como no Novo Testamento, aparecem sobre o mal, o sofrimento e a enfermidade, além das respostas que a respeito se deram, com especial menção às de Jó e com referência central à atitude e ao comportamento de Jesus com os enfermos. "As curas, diz-se, são sinal de sua missão messiânica (cf. Lc 7,20-23). Elas manifestam a vitória do reino de Deus sobre todo tipo de mal e se convertem em símbolo da cura do homem inteiro, corpo e alma. Com efeito, servem para demonstrar que Jesus tem o poder de perdoar os pecados (cf. Mc 2,1-12), e são sinal dos bens salvíficos, como a cura do paralítico de Betesda (cf. Jo 5,2-9.19.21) e do cego de nascença" (cf. Jo 9). Na primeira evangelização se continuou, por sua vez, esta obra de Cristo e esta atenção privilegiada aos enfermos, acompanhada de sinais extraordinários (cf. Mc 6,17-18; At 8,5-7; 3,1ss). A interação, citando *Salvifici doloris*, prossegue deste modo:

> A vitória messiânica sobre a enfermidade, assim como sobre outros sofrimentos humanos, não se dá somente através de sua eliminação por meio de curas portentosas, mas também por meio do sofrimento voluntário e inocente de Cristo em sua paixão e dando a cada homem a possibilidade de se associar a ela. Com efeito, "o mesmo Cristo, que não cometeu nenhum pecado, sofreu em sua paixão penares e tormentos de todo tipo, e fez suas as dores de todos os homens: cumprindo assim o que dele havia escrito o profeta Isaías" (cf. Is 53,4-5).

Por tudo isso se reconhece que a Igreja quer não só prodigalizar aos enfermos um "cuidado amoroso", mas também reconhecer que neles se nos oferece um chamado "a viver sua vocação humana e cristã e a participar no crescimento do reino de Deus *com novas modalidades*, inclusive mais valiosas".

Seguidamente se vem tratar sobre o "desejo de cura e a oração para obtê-la". Sob tal epígrafe se reconhece o seguinte:

> Suposta a aceitação da vontade de Deus, o desejo do enfermo de obter a cura é bom e profundamente humano, especialmente quando se traduz na oração cheia de confiança dirigida a Deus [...]. Durante a atividade pública de Jesus, muitos enfermos se dirigem a ele, seja diretamente, seja por meio de seus amigos ou parentes, implorando a restituição da saúde. O Senhor acolhe estas súplicas e os evangelhos não contêm a mínima crítica a tais petições. O único lamento do Senhor tem a ver com a eventual falta de fé: "Disse-lhe Jesus: Se podes alguma coisa!... Tudo é possível ao que crê" (Mc 9,23; cf. Mc 6,5-6; Jo 4,48).

Mais ainda, coloca manifestamente que essa oração pedindo a cura foi uma constante na tradição litúrgica da Igreja (preces, bênçãos, rituais...) e assinala oportunamente que tal oração "não exclui, mas que ao contrário anima a empregar os meios naturais para conservar e recuperar a saúde, assim como também incita os filhos da Igreja a cuidar dos enfermos e a levar-lhes alívio no corpo e no espírito, procurando vencer a enfermidade".

Mas nem mesmo isso deve ser obstáculo para reconhecer que existiram "carismas de cura no Novo Testamento", como se constata nos sinóticos, nos Atos e em Paulo. Esse dado se fundamenta com numerosos textos. Destaca como se deve entender o conceito de "carisma" em Paulo com estas palavras:

O significado de carisma é, em si mesmo, muito amplo: significa "dom generoso", e neste caso se trata de "dons de cura já obtidos". Estas graças, no plural, são atribuídas a um indivíduo (cf. 1Cor 12,9); portanto não se podem entender em sentido distributivo, como se fossem curas que cada um dos beneficiados obtém para si mesmo, mas como um dom concedido a uma pessoa para que obtenha as graças de cura em favor dos outros. Esse dom se concede *in uno Spiritu*, mas não se especifica como aquela pessoa obtém as curas. Não é arbitrário subentender que o faz por meio da oração, talvez acompanhada de algum gesto simbólico.

Em continuação se oferece o testemunho da Carta de Tiago, na qual se faz referência a uma intervenção da Igreja, por meio dos presbíteros, em favor da salvação dos enfermos, entendida também em sentido físico (cf. Tg 5,14-15).

Não obstante, não se dá a entender que se trate de curas prodigiosas; encontramo-nos em um âmbito diferente dos "carismas de curas" de 1Cor 12,9... Trata-se de uma ação sacramental: unção do enfermo com azeite e oração sobre ele, não simplesmente "por ele", como se não fosse mais que uma oração de intercessão ou de petição; trata-se preferivelmente de uma ação eficaz sobre o enfermo. Os verbos "salvará" e 'levantará' não sugerem uma ação dirigida exclusivamente, ou sobretudo, à cura física, mas em um certo modo a incluem.

Em outra ordem se alude às "Orações litúrgicas para obter de Deus a cura na tradição", mostrando que já "os Padres consideravam algo normal que os crentes pedissem a Deus não somente a saúde da alma, mas também a do corpo", e recolhendo diversos textos litúrgicos nos quais se implora a cura total da pessoa: como na oração universal solene da

Sacramentos e Cura

Sexta-feira Santa, nas bênçãos do óleo, na oração para depois da comunhão da missa... Pode-se ler as mesmas expressões também nos ritos orientais da unção dos enfermos.

E com o desejo de se tornar mais exuberante nas "implicações doutrinais do carisma de cura" recordam-se alguns fenômenos que ocorrem na atualidade, como, por exemplo, a existência dos "carismas de cura", em referência aos "encontros de oração organizados expressamente para obter curas prodigiosas entre os enfermos participantes, ou referidos também às orações de cura que se realizam no final da comunhão eucarística com o mesmo propósito". Igualmente recorda que "as curas ligadas a lugares de oração (santuários, recintos onde se guardam relíquias de mártires ou de outros santos etc.) foram testemunhadas abundantemente através da história da Igreja", como sucedeu com as peregrinações a santuários (São Martinho de Tours, São Tiago de Compostela, Lourdes). Sem esquecer o fenômeno dos "encontros de oração", dos quais um dos objetivos é obter curas. Diz-se a respeito:

> Para que possam se considerar referidos a um eventual carisma, é necessário que apareça determinante para a eficácia da oração a intervenção de uma ou mais pessoas individuais ou pertencentes a uma categoria qualificada, como, por exemplo, os dirigentes do grupo que promove o encontro. Se não existe conexão com o "carisma de cura", obviamente as celebrações previstas nos livros litúrgicos, realizadas no respeito das normas litúrgicas, são lícitas e com frequência oportunas, como no caso da Missa *pro infirmis*. Se não respeitam as normas litúrgicas, carecem de legitimidade.

Outras celebrações semelhantes ocorrem em alguns santuários que, mesmo não tendo como objetivo primeiro a cura, também incluem petições a respeito dentro da mesma celebração litúrgica. Assim, "a exposição do santíssimo sacramento com a bênção; ou não litúrgicas, mas de piedade popular, animada pela Igreja, como a recitação solene do rosário". Destas celebrações se afirma:

Também estas celebrações são legítimas, sempre que não se altere seu autêntico sentido. Por exemplo, não se pode colocar em primeiro plano o desejo de obter a cura dos enfermos, fazendo a exposição da santíssima eucaristia perder sua própria finalidade; esta, com efeito, "leva os fiéis a reconhecer nela a presença admirável de Cristo e os convida à união de espírito com ele, união que encontra seu cume na comunhão sacramental".

Conclui o parágrafo recordando:

O *carisma de cura* não pode ser atribuído a uma determinada classe de fiéis. Com efeito, fica bem claro que Paulo, quando se refere aos diferentes carismas em 1Cor 12, não atribui o dom dos "carismas de cura" a um grupo particular, seja o dos apóstolos, o dos profetas, o dos mestres, o dos que governam ou algum outro; é outra, ao contrário, a lógica que guia sua distribuição: "Mas um e o mesmo Espírito distribui todos estes dons, repartindo a cada um como lhe apraz" (1Cor 12,11).

Em consequência, nos encontros de oração organizados para pedir curas, seria arbitrário atribuir um "carisma de cura" a uma certa categoria de participantes, por exemplo, os dirigentes do grupo; não resta outra opção senão a de confiar na libérrima vontade do Espírito Santo, o qual dá a alguns um carisma especial de cura para manifestar a força da graça do Ressuscitado. Não obstante, nem mesmo as orações mais intensas obtêm a cura de todas as enfermidades. Assim, o Senhor diz a São Paulo: "Basta-te a minha graça, porque é na fraqueza que se revela totalmente a minha força" (2Cor 12,9); e São Paulo mesmo, referindo-se ao sentido dos sofrimentos que se deve suportar, dirá: "O que falta às tribulações de Cristo, completo na minha carne, por seu corpo que é a Igreja" (Cl 1,24).

c) *Aspectos disciplinares*

Cremos necessário recolher neste lugar os "aspectos disciplinares", tal como se propõem no mesmo documento. Com isso se pretende claramente moderar estas celebrações de tipo carismático, evitando dois perigos fundamentais: convertê-las em ritos de curandeirismo e evitar histerismos e sensacionalismos. Para isso se pede que se atenham ao estabelecido nos textos oficiais e nas normas que a respeito emita o bispo, e que não se converta a celebração da eucaristia ou de outros sacramentos em um meio centrado no aspecto curativo.

Art. 1: Os fiéis são livres de elevar orações a Deus para obter a cura. Quando estas se realizam na igreja ou em outro lugar sagrado, é conveniente que sejam guiadas por um sacerdote ou um diácono.

Art. 2: As orações de cura são litúrgicas se aparecem nos livros litúrgicos aprovados pela autoridade competente da Igreja; do contrário, não são litúrgicas.

Art. 3: § 1. As orações litúrgicas de cura devem ser celebradas de acordo com o rito prescrito e com as vestes sagradas indicadas no *Ordo benedictionis infirmorum* do *Rituale Romanum*.

§ 2. As conferências episcopais, conforme ao estabelecido nos *Prenotanda* V, *De aptationibus quae Conferentiae Episcoporum competunt*, do mesmo *Rituale Romanum*, podem introduzir adaptações ao rito das bênçãos dos enfermos, que se considerem pastoralmente oportunas ou eventualmente necessárias, com prévia revisão da Sé Apostólica.

Art. 4: § 1. O bispo diocesano tem direito de emanar normas para sua Igreja particular sobre as celebrações litúrgicas de cura, de acordo com o cânon 838,4.

§ 2. Os que preparam os mencionados encontros litúrgicos, antes de proceder à sua realização, devem se ater a tais normas.

§ 3. A permissão deve ser explícita, inclusive quando as celebrações são organizadas ou contam com a participação de bispos ou cardeais da Santa Igreja romana. O bispo diocesano tem direito a proibir tais ações a outro bispo, sempre que exista uma causa justa e proporcionada.

Art. 5: § 1. As orações de cura não litúrgicas se realizem com modalidades distintas das celebrações litúrgicas, como encontros de oração ou leitura da palavra de Deus, sem menoscabo da vigilância do Ordinário do lugar, segundo o teor do cânon 839, 2.

§ 2. Evite-se cuidadosamente qualquer tipo de confusão entre estas orações livres não litúrgicas e as celebrações litúrgicas propriamente ditas.

§ 3. É necessário, além do mais, que durante seu desenvolvimento não se chegue, sobretudo por parte dos que os guiam, a formas semelhantes ao histerismo, à artificialidade, à teatralidade ou ao sensacionalismo.

Art. 6: O uso dos instrumentos de comunicação social, em particular a televisão, enquanto se desenvolvem as orações de cura, litúrgicas ou não litúrgicas, fica submetido à vigilância do bispo diocesano, de acordo com o cânon 823, e às normas estabelecidas pela Congregação para a Doutrina da Fé na "Instrução" de 30 de março de 1992.

Art. 7: § 1. Manifestando-se o disposto mais acima no art. 3, e salvas as funções para os enfermos previstas nos livros litúrgicos, na celebração da santíssima eucaristia, dos sacramentos e da liturgia das horas não se deve introduzir orações de cura, litúrgicas ou não litúrgicas.

§ 2. Durante as celebrações às quais faz referência o § 1, dá-se a possibilidade de introduzir intenções especiais de oração pela cura dos enfermos na oração comum ou "dos fiéis", quando esta esteja prevista.

Art. 8: § 1. O ministério do exorcista deve ser exercido em estreita dependência do bispo diocesano, e de acordo com o cânon 1172, a carta da Congregação para a Doutrina da Fé de 29 de setembro de 1985 e o *Rituale Romanum*.

§ 2. As orações de exorcismo, contidas no *Rituale Romanum*, devem permanecer distintas das orações usadas nas celebrações de cura, litúrgicas ou não litúrgicas.

§ 3. Fica absolutamente proibido introduzir tais orações na celebração da santa missa, dos sacramentos ou da liturgia das horas.

Art. 9: Os que guiam as celebrações, litúrgicas ou não, devem se esforçar por manter um clima de serena devoção na assembleia e usar a prudência necessária se se produz alguma cura entre os presentes; concluída a celebração, poderão recolher com simplicidade e precisão os eventuais testemunhos e submeter o fato à autoridade eclesiástica competente.

Art. 10: A intervenção do bispo diocesano é necessária quando se verifiquem abusos nas celebrações de cura, litúrgicas ou não litúrgicas, em caso de evidente escândalo para a comunidade de fiéis e quando se produzam graves desobediências às normas litúrgicas ou disciplinares.

SACRAMENTOS E CURA NOS RITUAIS DA IGREJA

Pode-se constatar que nem em todos os rituais aparece da mesma forma o aspecto curador dos sacramentos. Enquanto em alguns – batismo, confirmação, matrimônio, ordem – se expressa de modo mais indireto, em outros – eucaristia, penitência, unção – se afirma mais direta e explicitamente. Destacamos alguns aspectos significativos de cada um deles.

1. O batismo

Tanto no *Ritual do batismo de crianças* como no *Ritual da iniciação cristã de adultos*, destacam-se as introduções e os textos eucológicos em que se fala especialmente do perdão do pecado, da regeneração, da nova vida no Pai, no Filho e no Espírito. Tudo o que significa o processo batismal, de um ponto de vista tanto pessoal como comunitário-eclesial e teológico-trinitário, nos remete a uma graça e a efeitos que, vividos com autenticidade, encerram também uma dimensão curativa. Assim, as renúncias ao pecado e a profissão de fé, os exorcismos e escrutínios, a conversão pessoal, o acompanhamento comunitário, as bênçãos e unções, o próprio banho batismal expressam e realizam uma transformação interna no sujeito, que implica também a recentralização da vida, a pacificação e a cura espiritual, a aceitação alegre de uma nova identidade como cristãos. Coloquemos pois dois exemplos.

Na introdução ao *Ritual do batismo de crianças* se diz o seguinte:

O batismo, banho de água na Palavra de vida, faz os homens participantes da natureza divina e filhos de Deus. Com efeito, o batismo, como o proclamam as orações de bênção da água, é um banho de regeneração pelo qual nascem filhos de Deus do alto. A invocação da Santíssima Trindade sobre os batizados faz que os que são marcados com seu nome sejam-lhe consagrados e entrem na comunhão com o Pai e o Filho e o Espírito Santo. As leituras bíblicas, a oração dos fiéis e a tríplice profissão de fé estão encaminhadas a preparar este momento culminante.[1]

O *Ritual da iniciação cristã de adultos* explicita ainda mais alguns destes aspectos, tanto na introdução como nos outros textos oracionais e ritos:

> Da evangelização [...] brotam a fé e a conversão inicial, com as quais cada um se sente desarraigar do pecado e inclinado ao mistério do amor divino.[2]
>
> Neste período [de purificação e iluminação], a preparação [...] se dirige aos corações e às mentes para purificá-las pelo exame da consciência e pela penitência, e para iluminá-las por um conhecimento mais profundo de Cristo, o Salvador. Isto se verifica por meio de vários ritos, especialmente pelo escrutínio e pela entrega.[3]
>
> No exorcismo e nas renúncias se reza assim: 'Visto que desde agora mesmo quereis servir ao único Deus e a Cristo, chegou o momento solene de que renuncieis publicamente a essas potestades que não são Deus, e a

---

[1] *Ritual del bautismo de niños*, "Prenotandos", 5. Podem ver-se também os n. 3, 4 e 6. Estes mesmos aspectos encontram-se expressos nos diversos ritos e orações do batismo.

[2] *Ritual de la Iniciación cristiana de adultos*, "Prenotandos", 10.

[3] *Ibid.*, 25.

esses cultos com os quais não se manifesta a veneração a Deus.[4]

E no mesmo rito do batismo, além de pedir "para que todos se afastem com aversão do pecado, que despoja da vida", se pede no exorcismo: "Nós te rogamos que livres estes escolhidos do poder do espírito maligno, que arrasta para a morte, para que possam receber a nova vida de Cristo ressuscitado"[5].

Com tudo isso se quer significar que o batizado vive um verdadeiro processo de cura interior e espiritual, de cura do pecado radical (original) e do pecado atual, vindo a participar de uma nova vida em Cristo e na Igreja, que também pode ter sua repercussão no corpo e no espírito, no gozo de viver em uma fé, uma esperança e um amor novos.

2. A confirmação

A confirmação nos impulsiona a avançar no caminho da iniciação cristã, fortalecendo-nos com o dom do Espírito pentecostal que se derrama sobre cada um de nós de modo singular, aperfeiçoando nossa vida cristã por um crescimento em Cristo, incorporando-nos de maneira mais intensa à missão das tarefas da Igreja e chamando-nos a ser testemunhas valentes do evangelho no meio do mundo.

Pela confirmação, os batizados [...] recebem a efusão do Espírito Santo, que foi enviado pelo Senhor sobre os apóstolos no dia de Pentecostes. Por essa doação do Espírito Santo os fiéis se configuram mais perfeitamente

---

[4] *Ibid.*, 80. O mesmo no n. 114: "Pedimos-te que afastes destes servos a ansiedade pelo dinheiro e os atrativos das paixões, as inimizades e as discórdias, e qualquer forma de maldade". E no n. 115 se pede: "Livra-os com teu poder de todos os males e da escravidão do inimigo; arranca deles o espírito da mentira, da cobiça e da maldade".

[5] *Ibid.*, 177-178. Por seu lado, a unção pós-batismal, além de pedir o perdão dos pecados, nos agrega à nova vida de filhos de Deus como "membros de Cristo sacerdote, profeta e rei" (n. 224).

com Cristo e se fortalecem com seu poder, para dar testemunho de Cristo e edificar seu corpo na fé e na caridade. O caráter ou o sinal do Senhor fica impresso de tal modo que o sacramento da confirmação não pode se repetir.[6]

A confirmação "confirma", significa e celebra publicamente na Igreja o que o batismo havia realizado radicalmente, enriquecendo o batizado com a força do Espírito pentecostal.[7] Trata-se de uma graça que compromete o confirmando na luta contra o mal, a doença e o pecado;[8] de uma força especial que impulsiona a dar testemunho da justiça e da caridade, do amor aos mais pobres e necessitados, como são aqueles que vivem em situação de enfermidade, velhice e indigência.

O próprio sinal do sacramento expressa a relação desse sacramento não só com o batismo, mas também com a unção, enquanto utiliza a mesma matéria fundamental (unção com óleo perfumado ou crisma), e enquanto expressa a consagração e a fortaleza para vencer as dificuldades da vida, seja quando esta começa (batismo), seja quando se encontra em perigo (unção dos enfermos). Somos ungidos no começo de nossa existência, para correr com êxito a carreira da vida; e somos ungidos para o final, para poder chegar à meta, vencendo o último combate na fortaleza do Espírito. A nova configuração do sinal fundamental assim o indica:

---

[6] *Ritual de la confirmación*, "Prenotandos", 1-2.

[7] Cf. a constituição apostólica *Divinae consortium naturae*, de Paulo VI, sobre a confirmação: "No batismo, os neófitos recebem o perdão dos pecados, a adoção de filhos de Deus e o caráter de Cristo, pelo qual ficam agregados à Igreja e se fazem partícipes inicialmente do sacerdócio de seu Salvador. Com o sacramento da confirmação os renascidos no batismo recebem o dom inefável, o mesmo Espírito Santo, pelo qual são enriquecidos com uma força especial" (*Ritual de la confirmación*, n. 11).

[8] Por isso, em uma das fórmulas de renovação das "Promessas batismais" se diz: "Estais dispostos a lutar contra o pecado, que se manifesta entre outras coisas no egoísmo, na inveja, na vingança, na mentira...?" (*Ritual de la confirmación*, 29).

O sacramento da confirmação se confere mediante a unção do crisma na fronte, que se faz com a imposição da mão e mediante as palavras: *Accipe signaculum doni Spiritus Sancti*, "Recebe por este sinal o dom do Espírito Santo"[9].

E no *Catecismo da Igreja Católica* se reconhece de modo explícito esta relação do batismo e da unção dos enfermos:

> A Unção dos Enfermos completa nossa conformação com a Morte e Ressurreição de Cristo, como o Batismo começou a fazê-lo. É o termo das sagradas unções que acompanham toda a vida cristã: a do batismo, que selou em nós a nova vida; a da confirmação, que nos fortificou para o combate desta vida. Esta derradeira unção fortalece o fim de nossa vida terrestre como que de um sólido baluarte para enfrentar as últimas lutas antes da entrada na casa do Pai (cf. DS 1694).[10]

Todos os elementos do sinal da confirmação podem se relacionar com os da unção dos enfermos: unção com óleo (crisma), imposição das mãos, sinalização na fronte, e inclusive a fórmula que em ambos os casos expressa a graça do Espírito Santo.[11]

3. A eucaristia

A eucaristia não só é o sacramento central da Igreja com o qual se relacionam teológica e liturgicamente os outros sacramentos, e de modo especial os chamados "sacramentos de cura": penitência e unção dos enfermos. Em si mesma é também sacramento de cura espiritual e física, tanto por seu conteúdo ou mistério como por sua própria dinâmica celebrativa.

---

[9] Cf. no *Ritual de la confirmación* a constituição apostólica *Divinae consortium naturae*, p. 14.
[10] Transcrito do *Catecismo da Igreja Católica*, n. 1523.
[11] Cf. a explicação do *Ritual de la unción*.

No que se refere a seu mistério ou conteúdo, pode-se dizer o seguinte:

- Se a eucaristia é "memorial da páscoa" de Cristo e os enfermos se acham mergulhados em uma situação especial de caráter pascal-existencial, ou seja, de "*kairós* pascal", será preciso ajudá-los para que assumam sua enfermidade desde a páscoa de Cristo.

- Se a eucaristia é "banquete fraterno", torna-se obrigatório pensar na maneira de conseguir que as pessoas enfermas e necessitadas participem de tal banquete e experimentem essa fraternidade, ora levando-lhes a eucaristia, ora as trazendo e propiciando sua participação nela.

- Se a eucaristia é "transformação no Espírito", dever-se-á pensar em que medida tal transformação afeta a maneira de se comportar com os enfermos e necessitados, de modo que se os faça participantes do dom do Espírito com a consolação, a fortaleza e a esperança.

- Se a eucaristia é "sacramento do sacrifício" de Jesus na Cruz, pelo qual todos nós, crentes, fomos curados e libertados de nossos pecados, sofrimentos e enfermidades, os que participam terão de aceitar também, coerentemente, o sacrifício pelos outros, no serviço e no amor, ao mesmo tempo em que precisam reconhecer neles a oferenda de seu sacrifício de dor em união com Cristo sofredor.

- E se a eucaristia é "comunhão" com o corpo verdadeiro de Cristo e comunhão com o corpo místico da Igreja, não será possível uma autêntica participação sem se sentir unidos a Cristo e entre nós, e especialmente com aqueles que sofrem necessidade ou padecem enfermidade. Não é possível comungar o corpo de Cristo e não querer comungar com o corpo fraco do enfermo.

Por outro lado, a dinâmica da celebração eucarística implica aspectos curativos em sua própria estrutura:

- A reunião em assembleia fraterna ajuda a superar a solidão e a divisão, a pedir perdão e sentir-se perdoados, a experimentar a mútua acolhida e o amor dos que conosco compartilham a fé.

- A Palavra convoca os crentes a centralizar sua existência nos planos e na vontade de Deus, que nos salvou e continua fazendo presente sua salvação também mediante uma Palavra que conserva toda a sua atualidade e responde fundamentalmente às diversas situações pelas quais atravessamos na vida.

- As oferendas recordam, por um lado, que a oferenda que Deus quer do homem é sua própria vida, seu coração e sua entrega; por outro, que esta oferenda espiritual não pode se separar da oferenda de solidariedade e ajuda aos necessitados, junto com a oferenda cósmica que desde os dons criaturais reconhece a obra de Deus.

- O rito faz presente a última ceia do Senhor, na qual se unem o ágape, serviço no amor entregue, e a thysia ou sacrifício da própria vida até o extremo, para a salvação de todos os homens.

- O Pai-nosso e o rito da paz convidam à oração, junto com a reconciliação e a concórdia, que fazem possível uma relação curativa entre os homens, a partir das próprias reconciliação e paz de Cristo.

Junto a tudo o que antes foi dito, recordemos aqueles *ritos, orações* ou *celebrações* pelos enfermos e por aqueles que se encontram em especial fragilidade, que estão relacionados de alguma forma com a eucaristia. Assim, existem testemunhos muito antigos que recordam a prática de reservar a eucaristia com a finalidade de fazer participantes dela os enfermos, levando-a a eles depois de sua finalização.[12]

Na Igreja primitiva, a bênção do óleo para os enfermos costumava realizar-se durante a celebração da eucaristia, de modo que os fiéis o levavam consigo para aplicá-lo em seus enfermos.[13]

A missa da *bênção dos óleos* na Quinta-feira Santa, da qual dão testemunho os sacramentários antigos, é um indício da relação que o óleo dos enfermos mantém com a eucaristia. Antes da bênção do óleo, a Igreja pede: "Infunde tua santa bênção, para que quantos receberem a unção com este óleo sejam confortados no corpo, na alma e no espírito, e sejam libertados de toda dor, de toda debilidade e de toda doença"[14].

O *Missale Romanum* contém uma "Missa pelos enfermos", na qual, junto com as graças espirituais, se pede também por sua saúde.[15]

No *Ritual de bençãos (De benditionibus)* propõe-se um "Rito para a bênção dos enfermos" no qual se invoca sua cura, tanto nas preces quanto nos diversos formulários de bênção.[16]

Em diversas orações da celebração se roga expressamente pela saúde e pela cura dos enfermos. Assim, em uma oração depois da comunhão, pede-se "que o poder deste sacramento [...]

---

[12] Concílio de Niceia, can. 13; cf. L. Beaudiun, *Le viatique*: La Maison Dieu 15 (1948) 117-129; A. Bride, *Viatique*, em DTC XI, 1950, 2842-2858; P. Browe, *Die Sterbenkommunion im Altertum und Mittelalter*: Zeitsch. für Kath. Th. 60 (1936) 3-14; D. Sicard, *Le viatique: perspectives nouvelles*: La Maison Dieu 113 (1973) 105-106.

[13] Este costume durará na Igreja romana pelo menos até o século VIII, como testemunha o *Ordo* XXX. No entanto, a partir do século X consta que a bênção do óleo passou para a Quinta-feira Santa. As expressões das orações transmitidas são claras, pedindo a cura da alma e do corpo: *"Medicina sacramenti et corporibus nostris prosit et mentibus"*; *"ad tutamentum mentis et corporis"*; *"sit nobis reparatio mentis et corporis caeleste mysterium"* (P. Bruylants, *Les oraisons du missel Roman* II, Louvain 1952, 973, 994 e 1065).

[14] *Ordo unctionis infirmorum*, 75.

[15] *Missale Romanum*, Roma 1975, 838-839.

[16] *Rituale Romanum. De benedictionibus*, Roma 1984, 305-319.

nos encha no corpo e na alma"[17]. Nas preces solenes da Sexta-feira Santa se convida a orar a Deus Pai "para que afaste as enfermidades [...], conceda a saúde aos enfermos"[18]. Igualmente em uma oração do tempo da Quaresma sobre o povo se pede que o Senhor "purifique em corpo e alma seus fiéis"[19]. Outra mais roga para que "o sacramento que acabamos de receber seja medicina para nossa debilidade e cure as enfermidades de nosso espírito"[20]. Também nas preces da liturgia das horas pede-se algumas vezes pela saúde tanto do corpo quanto da alma.[21]

O próprio ritual prevê a celebração da unção dentro da missa, quer se trate de um só enfermo, quer de vários ou de uma grande assembleia de fiéis com missa (cap. II), além de incluir a "visita e comunhão dos enfermos" (cap. I) e o viático (cap. III).[22]

Em resumo, a eucaristia constitui o marco e a expressão visível da presença curadora de Deus no meio da Igreja e, através dela, no mundo inteiro. Seu conteúdo e sua própria estrutura ritual assim o indicam. O Corpo de Cristo, partido para sua participação, e em especial em favor dos que sofrem, se recebe como dom fundamental da graça de cura de Deus. Por isso pode afirmar Bento XVI, em sua exortação *Sacramentum caritatis*, que a relação dos sacramentos dos enfermos com a eucaristia é especial:

> A relação entre estes sacramentos se manifesta, além do mais, no momento em que se agrava a enfermidade: "Aos que vão deixar esta vida, a Igreja oferece, além da unção

---

[17] *Missale Romanum*, 563.
[18] *Ibid.*, X.
[19] Quinto Domingo da Quaresma, ciclo C.
[20] Quarta-feira da Quinta semana da Quaresma, oração de pós-comunhão.
[21] Cf., por exemplo, *Liturgia das Horas* II, 294 (horas): "Tu, Senhor, que és médico dos corpos e das almas, cura as doenças de nosso espírito, para que cresçamos cada dia em santidade".
[22] *Ritual de la unción y de la pastoral de enfermos*, Madrid 1974.

dos enfermos, a eucaristia como viático". No momento de passar para o Pai, a comunhão com o corpo e o sangue de Cristo se manifesta como semente de vida eterna e potência de ressurreição: "Quem come a minha carne e bebe o meu sangue tem a vida eterna; e eu o ressuscitarei no último dia" (Jo 6,54). Visto que o santo viático abre ao enfermo a plenitude do mistério pascal, é necessário assegurar-lhe sua recepção. A atenção e o cuidado pastoral dos enfermos redundam sem dúvida em benefício espiritual de toda a comunidade, sabendo que o que tenhamos feito ao mais pequenino o fizemos ao próprio Jesus (cf. Mt 25,40).[23]

4. A ordem

A relação do sacramento da ordem com a cura sacramental, desde seu próprio sentido teológico, pode se concretizar em diversos pontos.

O presbítero foi consagrado (sacramento), qualificado (*potestas*) e destinado (atribuição oficial), para representar Cristo e a Igreja, na diversidade de dimensões da missão: dimensão profética (palavra), dimensão sacerdotal (liturgia), dimensão serviçal (diaconia), dimensão comunial (*koinonia*). Todas estas dimensões ou aspectos deve aplicá-los de modo especial com os necessitados, entre os quais se encontram aqueles que padecem algum tipo de enfermidade.

O ministro ordenado tem a função não só de *administrar o sacramento da unção*, mas deve também integrá-lo dentro de uma dinâmica pastoral. Tal dinâmica implica a visita e a atenção ao enfermo, a colaboração em tudo o que diz respeito à sua cura corporal e psíquica, o acompanhamento no possível processo de sua cura espiritual, a ajuda para descobrir o sentido da enfermidade e para assumi-la à luz da vida, do mistério e da morte de Cristo na cruz. A pastoral do sacramento da unção, tal qual a de

---

[23] Bento XVI, *Sacramentum caritatis*, 22.

todo sacramento, supõe um "antes" referido à preparação, um "em" celebrativo e um "depois" de acompanhamento.

O sacerdote não pode considerar o serviço ao mundo da enfermidade uma "obrigação não desejada", mas um serviço privilegiado, no qual e pelo qual ele coloca em prática o ágape (exercendo uma verdadeira caridade), a diakonia (servindo aos verdadeiramente necessitados), a leiturgia (oferecendo-se como liturgia existencial no cotidiano) e a koinonia (expressando fraternidade e sendo solidário). É aí que começa já o sacramento da unção, a presença de Cristo que impregna e traspassa a vida inteira.

Desse modo mostrará que se comportar como sacerdote na situação de enfermidade é também assumir a *tarefa de promover a saúde* em todos os níveis. Consiste igualmente em lutar contra as causas de injustiça, abusos, desordens... que produzem a enfermidade. Neste sentido, a ação presbiteral está intimamente relacionada com a ação social, com a medicina preventiva, com a criação de uma verdadeira cultura da saúde, no meio de um mundo enfermo sob tantos aspectos.

É evidente que tal tarefa resultará tanto mais eficaz quanto mais favorecer a colaboração e mais souber colaborar com outras muitas pessoas comprometidas no *mundo da saúde*: médicos, enfermeiras, pessoal auxiliar dos hospitais e dos centros sanitários, ONGs que se entregam a tirar da enfermidade e reintegrar, fiéis que trabalham em grupos e movimentos de atenção ao enfermo, pessoas que têm especial carisma em relação a promover a saúde e curar. E tudo isso certamente sem esquecer os que desempenham o "ministério de cura".

Mas em que medida se leva em consideração esse aspecto no *Ritual de ordens* (Pontifical)?[24] Um repasse aos textos e cerimônias nos permite afirmar que, na realidade, esse aspecto está pouco presente. Só aparece em alguns textos que falam de "serviço", e de forma especial quando se trata da ordenação do diácono.

---

[24] *Pontifical romano. Ordenación del obispo, de los presbíteros y de los diáconos*, Madrid ²1998.

Assim, na constituição apostólica do Pontifical romano se diz, recolhendo palavras do decreto conciliar *Presbyterorum ordinis*: "Os presbíteros, pela sagrada ordenação e pela missão que recebem dos bispos, são promovidos para servir Cristo, Mestre, Sacerdote e Rei"[25]. Em outro lugar recomenda aos bispos: "Ama com amor de pai e de irmão a quantos Deus coloca sob teu cuidado [...] aos pobres, aos fracos, aos que não têm um lar e aos emigrantes"[26].

Na introdução geral à ordenação de presbíteros se afirma: "Mas seu ofício sagrado o exercem sobretudo na assembleia eucarística. Desempenham com sumo interesse o ministério da reconciliação e do alívio em favor dos fiéis penitentes e enfermos"[27], aos quais devem dar "o alívio do óleo santo"[28], "confortando os enfermos"[29].

Quanto aos diáconos, além de recordar sua missão de ser "servidores", assinala que, como nos tempos apostólicos, se lhes "confia o cuidado dos pobres"[30]. Mas nenhuma alusão ao mundo dos enfermos.

5. O matrimônio

Também o sacramento do matrimônio tem a ver com a cura, quando se assume e se vive seu sentido, como se pode apreciar no que se segue.

O centro do matrimônio é *o amor-a-dois comprometido* entre homem e mulher. Esse amor, em toda a sua riqueza e em toda a sua densidade humana, está chamado a ser vivido desde o amor de Deus, o único amor que pode dar plenitude aos amores humanos. No amor fiel de Deus, manifestado no amor de Cristo à

---

[25] *Ibid.*, p. 15.
[26] *Ibid.*, n. 39.
[27] *Ibid.*, n. 102.
[28] *Ibid.*, n. 123.
[29] *Ibid.*, n. 131.
[30] *Ibid.*, n. 199 e 207.

sua Igreja, o amor dos esposos encontra sua causa primeira e seu último fundamento. Compromisso e mútua entrega, fidelidade no amor e unidade permanente convertem-se em fonte de gáudio, em relação curativa, em força para superar as dificuldades, se se vivem em relação ao mistério do amor de Deus.

Não existe amor sem dor, nem desfrute de amor que não acarrete sacrifício. A renúncia ao egocentrismo, a considerar o eu a medida matrimonial do aceitável ou recusável, é um requisito e um integrante essencial do verdadeiro amor. Amor e sacrifício (*ágape* e *thanatos*) são como as duas faces inseparáveis de uma mesma realidade. Mas a capacidade de fazer que o sacrifício seja amor e o amor seja sacrifício tem para o cristão um referencial e um modelo incomparável: o amor de Deus, manifestado na entrega e no sacrifício de Cristo. Também o amor sacrificado dos esposos é curador, cura os dissabores da vida matrimonial e familiar.

A *frutuosidade do amor matrimonial nos filhos* é também um elemento que consolida uma nova relação familiar. O filho, em regra geral, unifica e abre o amor a uma nova relação. Se se vive essa realidade como um dom maravilhoso de Deus, como uma manifestação da grandeza e do mistério cocriador do homem, pode ser um motivo especial para sanar as debilidades ou fragilidades que se apresentam na vida matrimonial, tanto no nível carnal como no emocional e no relacional.

É evidente que uma família (ou um grupo, ou uma comunidade) na qual reinam relações de acolhida, compreensão, amor é *uma família sanante*, porque possibilita um mundo relacional prazeroso e gratificante, promove a autoestima e valoriza cada membro como um "tu" no que é e vale, em suas qualidades e seus defeitos. A função humanizadora e socializadora da família, quando se cumpre verdadeiramente, resulta equilibradora, harmonizadora e curativa.

E no meio de tudo isso, se no suceder-se das diversas etapas da vida matrimonial e familiar sobrevêm contratempos, conflitos e dificuldades, será necessário saber reconhecer a própria responsabilidade e estar dispostos à *conciliação* e à *re-conciliação*. Nestes casos, a motivação do sacramento, vivido à luz e na força de Cristo reconciliador, será de especial importância para superar tais situações. A reconciliação entre os esposos e na família tem sempre um caráter de cura interior que se manifesta exteriormente. Os esposos e pais podem exercer também neste âmbito seu "ministério de cura".

Pois bem, como no caso do sacramento da ordem, perguntamo-nos se esse aspecto curativo ou sanante aparece de algum modo no *Ritual do matrimônio*.[31] Para dizer a verdade, precisamos reconhecer que, embora o objeto e a situação próprios aos quais se refere o Ritual não se prestem muito a levar em consideração esse aspecto, muito menos existem indícios de tê-lo considerado. Unicamente se encontram algumas referências mais indiretas. Na introdução, querendo responder a uma limitação anterior, menciona-se o Espírito Santo, afirmando que é a força para a "mútua entrega e o amor indiviso, que mana da fonte divina da caridade"[32]. Na fórmula do consentimento se diz que se recebem mutuamente os esposos "na saúde e na doença"[33]. Em um formulário de bênção dos esposos se pede: "Que na alegria te louvem e na tristeza te busquem [...] e na necessidade sintam próxima tua consolação"[34]. Em uma das introduções ao rito se deseja aos esposos que o Espírito Santo os ajude a "manter-se unidos e fiéis nos prazeres e nas adversidades"[35]. E uma das petições roga "por quantos padecem por causa das discórdias familiares: para que o Senhor seja sua força na tribulação"[36]. Bastem estes textos como indício de que certamente não se teve em consideração

---

[31] *Ritual del matrimonio*, segunda edição típica, Madrid 1996.
[32] *Ibid.*, n. 9 ("Prenotandos").
[33] *Ibid.*, n. 98.
[34] *Ibid.*, n. 113.
[35] *Ibid.*, n. 121.
[36] *Ibid.*, n. 172.

de modo explícito as possíveis situações de enfermidade, tampouco a função curativa que o sacramento pode desempenhar através dos esposos, pais, filhos e demais familiares. Contudo, os sacramentos da penitência e da unção, sacramentos específicos de cura, nos darão uma visão mais ampla a respeito. Por essa razão os situamos no final deste nosso comentário.

6. A penitência

O sacramento da penitência não é só um dos sacramentos em favor dos enfermos, mas também um sacramento de cura física e anímica para a pessoa enferma. Assim foi reconhecido ao longo da história pelas tradições oriental e ocidental, e assim o declara de modo eloquente o *Catecismo da Igreja Católica*:

> O Senhor Jesus Cristo, médico de nossas almas e de nossos corpos, que remiu os pecados do paralítico e restituiu-lhe a saúde do corpo (Mc 2,1-12), quis que sua Igreja continuasse, na força do Espírito Santo, sua obra de cura e de salvação também junto de seus próprios membros. É esta a finalidade dos dois sacramentos de cura: o sacramento da Penitência e o sacramento da Unção dos Enfermos.[37]

Com efeito, trata-se de um aspecto essencial e permanente do sacramento, como demonstram numerosos dados da tradição. Vejamos a seguir os mais relevantes.[38]

Nos evangelhos conecta-se a atividade curativa de Jesus com o perdão dos pecados (por exemplo, na cura do paralítico); além do mais, ele mesmo declara que não veio para curar os sadios, mas os doentes.

---

[37] Transcrição do *Catecismo da Igreja Católica*, n. 1421.
[38] Para as fontes, cf., por exemplo, D. Borobio, *Doctrina penitencial en las colectas sálmicas del "Liber Orationum Psalmographus" de la liturgia hispánica*, Bilbao 1977; Id., *La penitencia en la Iglesia hispânica del siglo IV al VII*, Bilbao 1978; Id., *El sacramento de la reconciliación penitencial*, Salamanca 2006.

Os testemunhos patrísticos e litúrgicos qualificam com frequência o pecado mortal como crime, morte, mancha, enfermidade, praga, ferida, podridão (*crimen, mors, macula, infirmitas, plaga, vulnus, putredines*), termos que indicam a compreensão do pecado como algo que machuca, adoece ou mata a vida espiritual. Nesse sentido, descreve-se o processo penitencial desde o princípio com o recurso à imagem da *medicina*. Aquele que cometeu um pecado mortal é o enfermo e Cristo é o médico que pode curá-lo, representado por seus enfermeiros, os sacerdotes. Eles aplicam os remédios adequados (penitências) àquele que reconhece em que consiste sua enfermidade, de maneira que possa curar-se com o perdão.[39] "Se o enfermo se envergonha de descobrir sua chaga ao médico, o remédio não pode curar o que ignora."[40]

Os Padres orientais (Clemente de Alexandria, Orígenes) insistem de modo especial nesta imagem quando nos falam do processo de cura que os monges anacoretas ou cenobitas seguem. Quem os conduz e acompanha neste processo (o *pneumatikos*, o *kybernetes*) faz as vezes de um médico que realiza sucessivas curas para a cura do pecador doente.[41]

---

[39] Bastem os seguintes textos: Tertuliano, *De poenitentia*, cap. 10: "Não obstante, a maioria dos pecadores evita esta penitência ou a adia de dia em dia, temendo fazê-la em público, preocupando-se mais com seu amor-próprio do que com sua própria salvação. Assemelham-se a essas pessoas que tendo contraído uma enfermidade nas partes mais íntimas de seu corpo ocultam o mal dos médicos, e perecem desse modo por seu pudor [...] Por que te recusas a recorrer a um remédio que sabes que te pode curar?". E Paciano de Barcelona, *Ep. I ad Sympr.*, 5, diz: "Pode ter tanto tempo veneno a serpente, e não há de ter Cristo a adequada medicina? O diabo continua atuando no mundo, e porventura não pode auxiliar-nos Cristo? Envergonha-te e evita pecar, mas não te envergonhes de fazer penitência [...]. Quem vai impedir que sejas curado de tuas feridas?".

[40] São Jerônimo, *Eccl.* 10, 11.

[41] Cf. R. Schlösser-R. Rincón, *Conversión y reconciliación*, Madrid 1973, 47-74; D. Borobio, *El sacramento de la reconciliación penitencial*, 108-110. Na *Didascalía*, cap. 2, n. 13, recomenda-se ao bispo que se comporte como um verdadeiro médico misericordioso: "Não sejas rápido em separar certos pecadores da comunidade, emprega preferivelmente tua palavra como uma cura, utiliza tuas repreensões como um bálsamo, usa tua oração como um emplastro. Se o tumor se desenvolve em detrimento da carne, alivia-o com uma medicação salutar. Se o abscesso se faz purulento, abre-o com um medicamento enérgico [...]. Se o câncer continua crescendo [...] aconselha-te com outros médicos".

É certo que a partir da Idade Média predomina na interpretação do sacramento a imagem "judicial"; contudo, não desaparece a imagem "medicinal" na compreensão e na explicação do sacramento, como demonstram alguns testemunhos da escolástica: Pedro Lombardo, Tomás de Aquino, Boaventura... Por sua parte, o Concílio de Trento é muito parco no momento de explicar a penitência a partir da imagem medicinal. Sua ênfase se coloca na imagem judicial (penitência como juízo), desde a qual explica tanto a *potestas ministerii* como a necessidade de confessar e dar satisfação pelos pecados, de modo que o "juízo salutar" seja verdadeiro. Só ao falar da satisfação menciona o aspecto medicinal desta maneira: "E tenham em conta que a penitência que imponham não esteja destinada unicamente a salvaguardar a nova vida e a curar a enfermidade, mas que também sirva para a satisfação e o castigo dos pecados passados"[42].

Os teólogos da época tridentina, especialmente os da Escola de Salamanca, empregam com profusão essa imagem, a partir da parábola do bom samaritano. A penitência, diz Melchior Cano, é necessária porque nos cura, porque é verdadeira medicina e por estar destinada a nos curar da enfermidade do pecado.[43] Nesse sentido, a oração, a esmola e a caridade têm um lugar especial entre as diversas medicinas. Portanto, se a penitência é "medicina" para curar as feridas do pecado, precisa-se que o médico conheça todas as feridas, de modo que possa aplicar o remédio apropriado (*Quod nisi cognoscat medicus aegri totam habitudinem, non potest prudenter medicinam apponere*); e se é "juízo" (juízo medicinal) será preciso buscar por sua vez

---

[42] H. Denzinger-P. Hünerman, *El magisterio de la Iglesia*, 1165-1169, aqui 1169.

[43] M. Cano, *Relectio de sacramentis in genere* IV, 548: "*medicamentum fortius quam maxime operetur in poenitentia, exteriorem satisfactionem esse: quemadmodum in medicamentis compositis una herba est dominantissima*".

a saúde e a salvação do doente.⁴⁴ Tal é também o sentido da satisfação e da absolvição: curar as feridas do pecado.⁴⁵

A teologia atual recuperou esse aspecto, se bem que nos documentos do Concílio Vaticano II sobre a penitência não se encontre muito presente. O *Ritual da penitência* menciona este aspecto tão somente ao se referir à satisfação, da qual uma das finalidades consiste em "que o pecador seja curado com uma medicina oposta à enfermidade que o aflige"⁴⁶; e em dois textos oracionais: "Senhor Jesus Cristo, que devolveste a vista aos cegos e curaste os enfermos [...] perdoa todos os meus pecados"⁴⁷. "Médico dos corpos e das almas, cura as chagas de nosso coração".⁴⁸

Posteriormente, a exortação *Reconciliatio et poenitentia* (1984) assinala que o ministro desempenha a função do "médico que cura e conforta"⁴⁹, dedicando inclusive um parágrafo a explicar especificamente esse aspecto. Estas são suas palavras:

> Porém, refletindo sobre a função deste sacramento, a consciência da Igreja descobre nele, além do caráter de juízo no sentido indicado, um caráter *terapêutico* ou *medicinal*. E isto se relaciona com o fato de que é frequente no Evangelho a apresentação de Cristo como médico (Lc 5,31ss; 9,2), enquanto [...] sua obra redentora é chamada com frequência, desde a Antiguidade cristã,

---

⁴⁴ *Ibid.*, 592-593: "Ac revera, cum hujus sacramenti finis non tam vindicare sit quam sanare [...] notitia necessaria judici ad hoc salutare judicium, ex tali fine salutis depromenda est. Tantum itaque criminum poenitens confessori debet manifestare, quantum opus erit ad salubre poenitentis judicium, atque vindictam".
⁴⁵ *Ibid.*, 597: "Hoc sacramentum non solum ordinatur ad reconciliationem poenitentis cum Deo et Ecclesia, sed etiam ad compensandas injurias Deo factas, imposita poena justa quantitatem culparum: alioquin superflua esset tertia poenitentiae pars, scilicet, satisfactio. Ordinatur etiam hoc sacramentum ad medendum vulneribus universis, et remedium adhibendum aegroto, debitumque consilium praestandum, ne eadem vulnera iterum accipiantur".
⁴⁶ *Ritual de la penitencia*, n. 6c.
⁴⁷ *Ritual de la penitencia*, n. 166, oração do penitente.
⁴⁸ *Ibid.*, n. 274, invocação pessoal.
⁴⁹ João Paulo II, *Reconciliatio et poenitentia*, 29.

medicina salutis. "Eu quero curar, não acusar", dizia Santo Agostinho referindo-se à prática da pastoral penitencial, pois é graças à medicina da confissão que a experiência do pecado não degenera em desespero. O *Rito da penitência* refere-se a este aspecto medicinal do sacramento, ao qual o homem contemporâneo é talvez mais sensível, vendo no pecado certamente o que comporta de erro, mas ainda mais do que demonstra em relação à debilidade e à enfermidade humanas. Tribunal de misericórdia ou lugar de cura espiritual: sob ambos os aspectos o sacramento exige um conhecimento íntimo do pecador para poder julgá-lo e absolvê-lo, para assisti-lo e curá-lo.[50]

Por isso mesmo, o ministro, além do papel de juiz, "exerce o papel de médico, que deve conhecer o estado do enfermo para ajudá-lo e curá-lo". De fato, a satisfação tem como objetivo "curar as feridas do pecado".[51]

Por último, também são significativas – embora resultando insuficientes – as menções que do aspecto medicinal da penitência se fazem no *Catecismo da Igreja Católica*. Depois de qualificar a penitência, junto com a unção, de "sacramento de cura",[52] explica a confissão como o descobrimento da enfermidade diante do médico, para que se aplique a medicina mais adequada;[53] além do mais, assinala que uma das razões da satisfação é que "o pecador deve ainda recobrar a plena saúde espiritual"[54]; finalmente, afirma que o ministro deve desempenhar a figura do "bom samaritano que cura as feridas"[55].

---

[50] *Ibid.*, 31, II.
[51] *Ibid.*, 31, III.
[52] *Catecismo da Igreja Católica*, n. 1211.
[53] *Ibid.*, n. 1456.
[54] *Ibid.*, n. 1459.
[55] *Ibid.*, n. 1465.

A conclusão fundamental deste breve percurso destaca que a dimensão curativa ou sanante do sacramento da penitência é um aspecto permanente de explicação de seu sentido e de sua verdade na tradição e no ensinamento da Igreja. E é assim porque todos os aspectos de seu conteúdo, de sua estrutura e de sua dinâmica celebrativa o colocam de manifesto. Em todo caso, atendendo aos "núcleos de sentido" do sacramento, pode-se apreciar os seguintes elementos essenciais:

- A *experiência de pecado sério* implica, se se vive em sua integridade e suas repercussões religiosas, uma situação de ruptura com uma pessoa (ideal de vida), com os outros e com Deus, que provoca no homem o desprazer, a desagregação, o despedaçamento interior, o remorso e a tristeza, o que vem a ser como um "sentir-se enfermo", ter consciência de uma certa "enfermidade espiritual", o que também repercute no estado da pessoa inteira. Muitas das feridas interiores são o resultado dos próprios pecados pessoais, da distorção relacional, do egoísmo ou da injustiça.

- A *vontade de conversão* é a condição necessária para poder superar essa "enfermidade", o que implica um verdadeiro processo interno de cura, isto é, de separação e de desprendimento da situação de pecado, de mudança e reorientação da vida, de renovação do ideal de saúde e de salvação em Cristo, de esforço para recompor nosso mundo relacional de fraternidade, de desejo de reparar com palavras e obras o dano que pudemos causar. A conversão ou penitência interior consiste em "uma reorientação radical de toda a vida, um retorno, uma conversão a Deus com todo o nosso coração, uma ruptura com o pecado [...]. Ao mesmo tempo compreende o desejo e a resolução de mudar de vida com a esperança da misericórdia divina e a confiança na ajuda de sua graça. Essa conversão de coração vai acompanhada de dor e tristeza salutares, que os Padres chamaram *animi cruciatus* (aflição do espírito), *compunctio cordis* (arrependimento do coração)".[56] Tudo isso requer a escuta da palavra, a sinceridade, o esforço, a vontade de mudar e a esperança no perdão, que sempre supõe um processo mais ou menos longo.

- A *confissão* (manifestação oral do próprio pecado) constitui a lógica expressão da conversão interna, que necessita dizer-se para reconhecer sua própria verdade, sua sinceridade sem disfarces. É como a objetivação verbal de um sentimento interno que, ao se descobrir, se contrasta e, ao contrastar-se (com o confessor), aprofunda a mesma conversão interna. Essa sinceridade também é, no sacramento da penitência, confissão de fé, expressão de confiança em Deus misericordioso, louvor e oferenda humilde e grandiosa, que nos liberta e pacifica interiormente.[57] Pela confissão reconhecemos nossas feridas ou enfermidade, e nos dispomos a aceitar e aplicar a medicina da consolação, da misericórdia e da graça perdoadora de Deus que nos cura.

- A *satisfação* é a manifestação lógica, em obras de caridade e justiça, da sinceridade da conversão, que não se

---

[56] *Ibid.*, n. 1431.
[57] João Paulo II, *Reconciliatio et poenitentia*, 31, III: "A acusação dos pecados, pois, não se pode reduzir a qualquer tentativa de autolibertação psicológica, ainda que corresponda à necessidade legítima e natural de se abrir a alguém, a qual é conatural ao ser humano; é um gesto litúrgico, solene em sua dramaticidade, humilde e sóbrio na grandeza de seu significado. É o gesto do filho pródigo que volta ao Pai e é acolhido por ele com o beijo da paz; gesto de lealdade e de valentia; gesto de entrega de si mesmo, acima do pecado, à misericórdia que perdoa". Por seu lado, o *Catecismo da Igreja Católica* afirma: "Pela acusação, o homem encara de frente os pecados dos quais se tornou culpado: assume a responsabilidade deles e, assim, abre-se de novo a Deus e à comunhão da Igreja, a fim de tornar possível um futuro novo" (n. 1455).

detém em bons desejos ou palavras (confissão), mas se concretiza em compromissos que o penitente assume diante de Deus e diante da Igreja. Não pretende impor um castigo pelo pecado cometido, nem cobrar um preço pelo perdão obtido, mas aplicar um meio ou remédio que garanta a autenticidade da conversão na vida, que dê continuidade ao propósito de futuro, que vá cicatrizando a marca que as feridas do pecado deixaram em nós. É o que tende a fazer da conversão interna uma transformação externa por atos de justiça, de caridade, de reparação ou restituição, de reconciliação real com o irmão, que restaura e pacifica nosso mundo relacional. "Muitos pecados causam dano ao próximo. É preciso fazer o possível para repará-lo (por exemplo, restituir as coisas roubadas, restabelecer a reputação daquele que foi caluniado, cuidar das feridas). A simples justiça exige isso [...]. A absolvição tira o pecado, mas não remedeia todas as desordens que o pecado causou"[58].

- A *absolvição* por meio do ministro constitui a expressão eficaz do perdão e da misericórdia de Deus, pela mediação da Igreja. Como, ao invés, ter uma "certeza" de que nossa conversão é sincera, de que Deus nos perdoa e reconcilia? Nós homens necessitamos, de modo permanente, de sinais dos outros que certifiquem a verdade de nossa relação com os outros. E nesse caso trata-se de um sinal necessário e eficaz da Igreja (por seu ministro), que nos garante vir a ficar em paz com Deus e com a própria Igreja. Mesmo sendo importante a pessoa do confessor com suas qualidades, o determinante é o que ele representa e significa em virtude de seu ministério: "Ao celebrar o sacramento da penitência, o sacerdote cumpre o

---

[58] *Catecismo da Igreja Católica*, n. 1459.

ministério do Bom Pastor que busca a ovelha perdida; do Bom Samaritano que cura as feridas; do Pai que espera o filho pródigo e o acolhe ao voltar; do Justo Juiz que não faz acepção de pessoas e cujo julgamento é justo e misericordioso ao mesmo tempo. Em suma, o sacerdote é o sinal e o instrumento do amor misericordioso de Deus para com o pecador"[59]. Por outra parte, e de modo especial, exerce a função de "médico" que, representando Cristo, cura a alma aplicando o bálsamo da consolação e do conselho, suscitando a confiança no "único Médico" integral, que pode curar tanto a alma como o corpo.

- A *reconciliação* significa em si mesma o ato de um mediador que restaura os laços de amizade ou de amor entre duas pessoas. No caso da penitência trata-se de uma reconciliação sem proporção, assimétrica, pois não é Deus aquele que necessita se reconciliar com o homem, mas o homem com Deus. Deus nos concede a reconciliação perdoando-nos, acolhendo-nos, devolvendo-nos sua amizade e seu amor. A reconciliação é uma necessidade humana, um elemento constitutivo de nosso existir com os outros, desde o momento em que constantemente tendemos a transpor os limites ou a fronteira de uma relação justa com os outros, o que em sentido cristão significa transpor os limites da verdadeira relação com Deus. Não podemos separar reconciliação com Deus, com a Igreja, com os outros, com a criação inteira.[60] Pela reconciliação recuperamos a relação justa, a amizade

---

[59] *Ibid.*, n. 1465.
[60] João Paulo II, *Reconciliatio et poenitentia*, 31, onde se diz: "Mas é preciso acrescentar que tal reconciliação com Deus tem como consequência, por assim dizer, outras reconciliações que reparam as rupturas causadas pelo pecado: o penitente perdoado se reconcilia consigo mesmo no fundo mais íntimo de seu próprio ser, no qual recupera a própria verdade interior; se reconcilia com os irmãos, agredidos e feridos por ele de algum modo; também se reconcilia com a Igreja, se reconcilia com toda a criação". Cf. também *Catecismo da Igreja Católica*, n. 1468-1469.

perdida, o amor devido, junto com a alegria de "estar bem e de se sentir bem" na paz interna e externa.[61] O ódio e a injustiça causam a enfermidade, mas a reconciliação e o perdão curam. A reconciliação consigo mesmo e com Deus reclama a reconciliação com os outros.

Em poucas palavras, é impossível que se dê uma autêntica cura interna sem uma reconciliação externa sincera, e vice-versa. Toda verdadeira cura vem de Deus, e inclui, entre outras coisas, a cura física, mental, emocional, relacional e espiritual. Todos estes como estratos da pessoa se veem afetados quando o homem vive, expressa e celebra o sacramento da reconciliação. Quem vive e experimenta a cura interior vive e se comporta também com os outros de um modo sanante.

Devemos assinalar, finalmente, que os mesmos elementos do processo e sinal sacramental da penitência expressam esse aspecto medicinal ou curativo. O ato do "exame de consciência" ou a revisão sincera da própria vida é o princípio de um reconhecimento honrado da própria realidade. A busca do lugar e da pessoa do confessor significa nossa vontade e nosso esforço por nos converter e nos reconciliar. O espaço celebrativo penitencial, quando está bem disposto, nos convida com seu simbolismo a confiar, a pacificar-nos e a receber o perdão e a cura de Deus. O encontro com o confessor deverá possibilitar a experiência do encontro com o próprio Cristo, pastor, médico, pai e guia de nossa vida. As palavras de consolo e ânimo do sacerdote podem ser medicina e terapia curativa. Os gestos de humildade (de joelhos), as orações e sobretudo a absolvição com a imposição de mãos significarão a expressão da grande misericórdia de Deus e da reconciliação com a Igreja, com os outros. A satisfação ou compromisso nos convidará a continuar

---

[61] Cf. M. Álvarez, *La reconciliación en el plano antropológico*, em AA. VV., *Dimensión trinitaria de la penitencia*, Salamanca 1994, 13-31.

curando as cicatrizes que o pecado deixou em nós mediante a vigilância, a responsabilidade, a mudança de vida.

7. A unção dos enfermos

Já vimos anteriormente como a unção dos enfermos teve ao longo da tradição um caráter curativo. Fixamo-nos agora em como esse aspecto foi recolhido no novo *Ritual da unção*.[62] Já o título é de *per si* significativo: "Ritual da unção dos enfermos e sua assistência pastoral". Com isso, além de indicar que a situação própria da unção é a enfermidade e não o momento da morte, se está inserindo o sacramento na dinâmica da ação pastoral com os enfermos, que implica um "antes", um "em" e um "depois" de sua celebração.

Na introdução ou "praenotanda" começa-se situando o sacramento na experiência da enfermidade e do sofrimento, e reconhecendo que, superadas determinadas interpretações errôneas, é lógico "e entra no plano providencial de Deus que o homem lute ardentemente contra qualquer enfermidade e busque solicitamente a saúde, para que possa continuar desempenhando suas funções na sociedade e na Igreja"[63].

Ao longo dos diversos textos e ritos prevalece uma visão antropológica integral do homem: realidade corpóreo-espiritual que abrange a totalidade das dimensões humanas e não permite separar o que como causa se produz em qualquer delas nem os efeitos que inevitavelmente repercutem nas restantes. A própria bênção do óleo o expressa de modo eloquente: "Tu, que fizeste que o lenho verde da oliveira produza azeite abundante para vigor do nosso corpo, enriquece com tua bênção este óleo, para que quantos forem ungidos com ele sintam no corpo e na alma tua divina proteção, e experimentem alívio em suas enfermidades e dores"[64].

---

[62] *Ritual de la unción y de la pastoral de enfermos*, Madrid 1974.
[63] *Ibid.*, n. 2.
[64] *Ibid.*, n. 140.

Tudo o que foi dito anteriormente se realiza *cumprindo a mesma palavra de Cristo*, "que mandava visitar os enfermos, querendo indicar que era o homem completo o que se confiava às suas visitas para que o ajudassem em seu vigor físico e o confortassem em sua vida espiritual"[65]. Neste sentido, os diversos textos e ritos colocam em realce a dimensão cristológica do sacramento, visto que supõem a continuação do ministério de Cristo, "que atendeu corporal e espiritualmente os enfermos", assim como a atualização e a participação salvíficas, "completando o que falta à paixão de Cristo". As orações que seguem a unção o expressam de modo muito variado e rico: "Senhor Jesus Cristo, que, para redimir os homens e curar os enfermos, quiseste assumir nossa condição humana, olha com piedade para ..., quem está enfermo, e necessita ser curado no corpo e no espírito"[66].

Também se manifesta no *Ritual* uma insistência especial na dimensão eclesiológica e comunitária da unção, entendendo o sacramento como a concentração de uma solicitude permanente pelos enfermos, em nível tanto universal como particular e de comunidade concreta, que se realiza através dos *diversos serviços e ministérios* que intervêm na ação pastoral com os enfermos e na própria celebração do sacramento: especialistas, ministros ordenados, família, cuidadores, agentes de pastoral... Porque "no corpo de Cristo, que é a Igreja, se um membro padece, com ele padecem todos os outros membros (1Cor 12,26). Daí que sejam muito dignas de louvor a piedade para com os enfermos e as assim chamadas obras de caridade e o mútuo auxílio para remediar as necessidades humanas"[67].

Segundo isso, a graça que se espera e se concede pelo sacramento não pode senão recolher e expressar esse sentido

---

[65] *Ibid.*, n. 4.
[66] *Ibid.*, n. 145; cf. 144.146.147.148 e 149.
[67] *Ibid.*, n. 32; de forma mais concreta se expõe nos n. 33-37.

curativo integral do mesmo sacramento. Baste citar duas passagens emblemáticas e de algum modo paralelas:

> Este sacramento outorga ao enfermo a graça do Espírito Santo, com o que o homem inteiro é ajudado em sua saúde, confortado com a confiança em Deus e robustecido contra as tentações do inimigo e a angústia da morte, de tal modo que possa não só suportar seus males com fortaleza, mas também lutar contra eles, e inclusive conseguir a saúde se convém para sua salvação espiritual; igualmente lhe concede, se for necessário, o perdão dos pecados e a plenitude da penitência cristã (n. 6).

> Rogamos-te, Redentor nosso, que pela graça do Espírito Santo cures a dor deste enfermo, sares suas feridas, perdoes seus pecados, afugentes todo sofrimento de seu corpo e de sua alma, e lhe devolvas a saúde espiritual e corporal, para que, restabelecido por tua misericórdia, se incorpore de novo aos afazeres da vida (n. 144).

De tudo isso pode-se deduzir que o novo *Ritual* atribui ao sacramento da unção também um efeito curativo. Mas como se pode explicar hoje que tal efeito se realiza sem cair em uma interpretação abusiva do mesmo sacramento? É evidente que existem dificuldades para a compreensão desse aspecto se não o interpretamos adequadamente. Mas pode-se afirmar, contudo, que a unção afeta de modo original a saúde do corpo quando se celebra nas devidas condições.[68] Assim se deduz da Escritura e da tradição, como mostramos anteriormente. O próprio magistério da Igreja não deixou de afirmar que pela unção também se pode alcançar a cura do corpo, se convém à saúde da alma. O Vaticano II e o *Ritual* entendem que o sacramento afeta a totalidade da pessoa enferma, enumerando

---

[68] Cf. A. M. Triacca, *Gli effetti dell'unzione degli infermi*: Salesianum 38 (1976) 3-41; C. Ortemann, *El sacramento de los enfermos*, Madrid 1972, 89ss.

entre os efeitos do sacramento o da cura corporal como um dos mais importantes.[69] De tudo isso podemos deduzir que a Igreja afirma hoje sem reparos o efeito físico da unção, que esse efeito sempre aparece unido ao aspecto espiritual e que a intenção é pedir a cura plena, total, integral da pessoa.

Mais ainda, os próprios *resultados das ciências humanas* apoiariam atualmente essa proposta, visto que se em algo insistem é na interdependência das diversas dimensões do homem: a corporal, a psíquica, a relacional, a cultural, a espiritual, que mostram o ser humano como unidade integral ou como totalidade indissociável. O homem constitui uma unidade biológica e espiritual na qual os aspectos anatômico, fisiológico, psíquico e espiritual se acham em contínua e mútua referência e interinfluência. Separar ou isolar seus efeitos é negar a unidade integral do homem. A saúde e a enfermidade dependem igualmente do contexto cultural a partir do qual se interpretem (por exemplo, África, Europa...); da positividade ou negatividade do mundo relacional (familiar, amical, grupal, social, comunitário); da aprendizagem realizada ao longo da vida a respeito do sofrimento e da enfermidade; e também, com certeza, da crença, da fé, da confiança e da esperança com que se enfrenta tal situação. Diversos autores atuais confirmam essa proposta, seja dos pontos de vista da etnomedicina,[70] da psicologia,[71] da fenomenologia religiosa,[72]

---

[69] Recorde-se o texto citado, *Ritual de la unción y de la pastoral de enfermos*, 144: "*Cura, quaesumus, Redemptor noster, gratia Spiritus Sancti, languores istius infirmi, eiusque sana vulnera, et dimitte peccata, atque dolores cunctos mentis et corporis ab eis expelle, plenamque interius et exterius sanitatem misericorditer redde, ut ope misericordiae tuae restitutus, ad pristina reparetur officia*".

[70] Por exemplo, L. Leslie, *Medical pluralism in World Perspective*: Social Science and Medicine 17 (1980) 191-195.

[71] Cf. W. James, *The Varieties of Religious Experience*, New York 1982; A. Vergote, *Religión, patología, curación*: Selecciones de teología 137 (1996) 23-42.

[72] Cf. D. Chopra, *Guarirsi da dentro*, Milano 1992.

da antropologia⁷³ ou da percepção das diversas religiões do passado e do presente⁷⁴.

Concretamente, a religião, a fé – como afirma Antoine Vergote – podem influir de uma maneira positiva na cura: Opor-se ao recurso à religião cristã em uma perspectiva propriamente terapêutica, não é negar a esta religião uma influência favorável na saúde mental [...]. Cremos que, em geral, exerce uma influência favorável na saúde psíquica dos crentes, convencidos de que souberam integrar a fé em sua personalidade. A fé lhes dá a força plena de confiança em uma filiação divina, amplia a existência e lhe atribui uma tonalidade festiva de celebração, solicita a confissão dos sentimentos de culpa, prevenindo assim, segundo Freud, a neurose de culpa, e faz reencontrar uma inocência frente a si mesmo no Outro que é Deus.⁷⁵

Isto suposto, em que consiste o efeito corporal da unção?⁷⁶ Digamos, em primeiro lugar, que não consiste em uma ação carismática extraordinária, nem em um remédio milagroso, nem em um efeito mágico da aplicação do óleo, nem em uma necessária cura clínica, nem muito menos em um retorno ao estado anterior à enfermidade. Antes consiste em um efeito sobre as faculdades corporais, devido à sua unidade com as faculdades psíquicas, morais e espirituais; em uma força contra a impotência física que condiciona o estado total; em um ânimo contra a debilidade psíquica e espiritual, pela fé, pelo amor e pela esperança; em um estímulo para a luta contra o mal e a enfermidade, apoiado na solidariedade da comunidade cristã; em um fortalecimento do estado geral para

---

⁷³ V. E. Frankl, *Homo patines. Interpretazione umanistica della sofferenza*, Brezzo di Bedero 1979; Id., *Dio nell'inconscio. Psicoterapia e religione*, Brescia 1990; D. Breton, *Anthropologie de la douleur*, Paris 1995.
⁷⁴ Cf. A. Natale Terrin, *La malattia, syndrome di disarmonia dello spirito. Rapporto sulle religione vechie e nuove*, em AA. VV., *Liturgia e terapia*, Padova 1994, 155-200.
⁷⁵ A. Vergote, *Religión, patología, curación*, 33.
⁷⁶ Cf. o já escrito por nós em D. Borobio, *Unción de enfermos*, em Id. (ed.), Salamanca 1988, 655-743, aqui 701-708. Cf. G. Gozzelino, *L'unzione degli infermi*, 116-131.

enfrentar "com boa vontade" a fragilidade humana; em uma recuperação equilibrada do lugar do corpo na totalidade da pessoa, integrando-o devidamente na constelação de valores da vida.

Para entender tudo isso em sua justa medida, deve-se ter em consideração o marco de compreensão: 1) a situação de referência não é um moribundo ou um acidentado inconsciente, mas um enfermo grave consciente e crente; 2) o efeito da unção, que é súplica de oração e sinal da graça de Deus, não podemos limitá-lo ao perceptível curativo nem ao racional explicativo: Deus age de formas insuspeitas, chame-se a elas milagre ou não; 3) a única "cura" não é a clínica, a que se limita à recuperação do estado anterior à enfermidade, mas aquela que devolve ao enfermo a capacidade de integrar sua totalidade humana e nela o corpo, em sua personalidade e seu sentido de vida; 4) deve-se distinguir "cura física", enquanto referida à recuperação de um órgão enfermo, "cura anímica", enquanto relacionada à totalidade de dimensões da pessoa, e "salvação", enquanto tal processo se refere e se conecta com a ação salvadora de Deus, em Cristo e no Espírito. Trata-se, pois, de três aspectos inter-relacionados e interinfluentes na saúde; 5) neste sentido, o efeito "curativo" é algo que se pode dar sempre, quer suceda um retorno da saúde física, mesmo que em nova chave, quer aconteça uma reintegração de dimensões com nova valorização da corporeidade, quer tenha lugar o desenlace da morte física e o chamado escatológico, já que para o cristão a definitiva cura e saúde do corpo se encontra no final. Em qualquer caso, a unção continua sendo o sinal da vitória definitiva sobre o sofrimento e a enfermidade, a partir desta corporeidade concreta, mas tendo em conta a dimensão corpórea definitiva que estamos chamados a viver pela ressurreição.

Por outro lado, devemos situar de maneira precisa o efeito curativo da união no nível próprio de uma intervenção pastoral e sacramental da Igreja. O específico da ação eclesial não é lutar contra a doença a partir da ciência e da técnica médicas, em competição com os pesquisadores e especialistas, embora também possa dar sua colaboração a respeito. O específico da Igreja, continuando a obra de Cristo com os enfermos, consiste em promover a saúde em todos os níveis, e não só em atuar para eliminar a enfermidade. O que supõe lutar contra as múltiplas causas que provocam a enfermidade: injustiças, fome, guerra, carência de meios sanitários, abusos de toda espécie... e sobretudo lutar contra a falta de sentido da enfermidade que é preciso viver, descobrindo a positividade salvadora do inevitável sofrimento humano, a outra face escondida do chamado do amor, que só se pode entender a partir da vivência da fé, do amor e da esperança daquilo que o próprio Cristo viveu, indicando-nos o caminho.

A enfermidade, como quase tudo na vida humana, está marcada pela ambiguidade e pelo claro-escuro. Apesar de sua negatividade, é possível encontrar nela uma virtude positiva. E, ainda que nela prevaleça o impedimento e o obstáculo, também oferece a possibilidade de desenvolvimento e totalização de valores fundamentais do ser humano. Segundo essa lógica, a enfermidade é um misterioso paradoxo que acumula em seu interior diversos sentidos. Pode, de fato, supor:

- *Uma nova relação com Deus.* Pode, concretamente, ser motivo e momento de uma nova relação com Deus, que supere as divinizações falsas, as imagens idolátricas, e introduza no verdadeiro conhecimento de seu mistério e seu amor, de sua proximidade e sua presença, de sua irredutibilidade e sua alteridade. Quando, na crise, o homem enfermo se abandona confiantemente a Deus e espera contra toda esperança, realiza-se uma experiência nova e irrepetível de Deus, ao qual se sente mais próximo e incondicional que nunca. Justamente então se compreende o que é o Absoluto de Deus e o relativo do homem; justamente então se recompõe o quadro de valores da vida:

dinheiro, sucesso, poder, saúde... e Deus vem encontrar o lugar que durante um tempo lhe havíamos negado. A atitude pessoal já não é arrogante ou autossuficiente, mas simples e humilde, em disposição de adoração e entrega, no meio do silêncio ou da dor.

- *Uma nova relação consigo mesmo.* Da mesma forma, a enfermidade é também um tempo e um momento em que se pode autentificar as relações consigo mesmo, com os outros e com o mundo. Consigo mesmo, porque a enfermidade é uma autêntica escola na qual se educar na relativização das próprias qualidades e possibilidades, chegando-se a descobrir o mundo interior de uma maneira nova; uma escola na qual resulta possível aprender a integrar o temor da própria consciência e a estar atento à verdade do mistério pessoal. Não sem motivo, o mistério pessoal revela-se de forma especial a partir do mistério do sofrimento que a enfermidade traz consigo.

- *Uma nova relação com os outros.* Porque se aprende de forma especial o que significam a dependência, a ajuda e a atenção do outro, o amor e a acolhida na inutilidade, a necessidade que os outros podem ter de mim... Ao mesmo tempo aparecem de forma nova a verdade do amor e da amizade, a importância do acompanhamento em um caminho que definitivamente se percorre solitariamente, mas também ajudado pelos outros.

- *Uma nova relação a respeito do mundo.* Porque se aprende a apreciar melhor o valor que a vida tem, e o desfrute das coisas, e a respiração da natureza, e a cobiça do espaço, e a liberdade de se mover em ambientes e tempos gratificantes, que relaxam e alimentam o corpo e o espírito.

- *Uma superação de paixões negativas.* A enfermidade oferece a possibilidade de experimentar a libertação do pecado próprio, escutando o chamado à conversão que semelhante situação provoca. Essa conversão manifesta-se no estranhamento das paixões pecaminosas, no reconhecimento da solidariedade com o pecado, na aceitação da própria condição humana manifestada na enfermidade e na assunção do próprio destino. A aceitação não é a fadiga, a passividade, é sim o reconhecimento da fragilidade da própria condição humana. Este é o primeiro passo da vitória sobre a enfermidade. Abrindo-nos a Deus nós nos pacificamos. Colocando a enfermidade a nosso serviço, finalizando-a, descobrindo seu sentido, nos libertamos de sua escravidão e a convertemos em instrumento de graça e de salvação.

- *Um meio exemplificador e "redentor"*. E, quando isto assim acontece, a enfermidade pode ser também um meio e um momento interpelantes, redentores do pecado dos outros. Os que participam de minha dor participam da forma como eu vivo essa dor. E nela podem sentir-se chamados, convertidos, cheios de esperança, comovidos, redimidos. Meu testemunho e meu exemplo podem colocar em crise os que me rodeiam e conduzi-los à conversão e à fé. Desde a união com Cristo sabemos que existe uma "geografia espiritual" na qual nós homens nos comunicamos mais além do visível; uma solidariedade redentora que completa o que falta à paixão de Cristo, contribuindo de maneira misteriosa para a salvação dos outros. Deixados entregues à sua própria dinâmica, o sofrimento e a enfermidade levam à destruição do homem. Mas vividos a partir da fé, na força de Cristo, são também possibilidade de maturação e realização integral, meio de salvação. O enfermo que assim crê vive a enfermidade como uma verdadeira "páscoa", isto é, uma travessia que vivifica e salva.[77]

---

[77] Cf. G. Gozzelino, *L'unzione degli infermi*, 116-131.

Uma vez expostos todos esses sentidos, não podemos deixar de afirmar que a verdadeira e original ação curativa da Igreja consiste precisamente em ajudar o enfermo a lutar contra a enfermidade, desde sua própria situação de pessoa enferma. Com isso não se deve cair nem na exaltação do sofrimento, nem no dolorismo passivo, nem na autopunição expiatória. O enfermo não é um resignado passivo, mas um "paciente ativo" que assume seu sofrimento com paciência, o enche de sentido graças à fé e o transforma em atividade mediante a luta que se trava contra a dinâmica destruidora da enfermidade e da dor.

A função curativa da unção – excetuada sempre a intervenção gratuita e livre de Deus, verdadeiro médico integral que cura, sana e salva – consistirá em concentrar e ativar esse fortalecimento, esse ânimo, essa confiança e essa esperança que procedem da fé na misericórdia e na graça divina, e que se atualizam eficazmente no sacramento. Quando um enfermo, com a ajuda da comunidade e dos sinais, começa a descobrir a "face positiva" da enfermidade, as potencialidades curativas se desenvolvem e exercem sua influência na totalidade de sua pessoa. Esse é o efeito curativo do sacramento. A unção vem dizer à pessoa enferma que está chamada não à enfermidade, mas sim à saúde; não à destruição do inútil, mas sim à salvação da vida. Talvez em nenhum momento como na enfermidade se desperte tanto o amor à vida, precisamente porque é aí que se a sente em perigo. A unção dos enfermos sustenta, anima e confirma a vontade de viver, tanto corporal como espiritualmente, desde a fé em Cristo e desde a solidariedade da Igreja.

E, visto que a Igreja está obrigada a sustentar o homem em sua luta pela vida até o fim, a melhor maneira de fazê-lo consiste em estimular e fortalecer os esforços do próprio enfermo pela vida, o que sucede de maneira especial no sacramento da unção.

CONCLUSÃO. CELEBRAR E PEDIR A CURA NA ATUALIDADE

Tudo o que foi exposto nas páginas precedentes pode se concretizar em uma série de conclusões que se dirigem de maneira especial à vida e à pastoral.

1. A Igreja continua o ministério e a missão de Cristo com os enfermos, e de forma privilegiada através da celebração dos sacramentos. Todo sacramento, em especial a eucaristia, a penitência e a unção dos enfermos, celebra e atualiza o mistério de Cristo que nos curou e salvou do mal, do pecado, da enfermidade e da morte. Trata-se de uma atualização eficaz que não pode senão produzir seu fruto naqueles que participam nos sacramentos com coração sincero, com fé e confiança no amor sanante e na misericórdia perdoadora de Deus. Neste sentido, o culto cristão e, sobretudo, os ensinamentos têm uma profunda dimensão de cura espiritual e física pelos próprios elementos que implica: abertura e conversão ao chamado e à graça de Deus, presença solidária da comunidade fraterna, canto e louvor alegres unidos à vivência da bênção de Deus, palavras que proclamam o amor e a misericórdia perdoadora de Deus, sinais que expressam e realizam a salvação que anunciam (imposição de mãos, pão e vinho, luz, unções...). Em casos determinados (eucaristia, penitência comunitária, unção comunitária) resultará conveniente incluir alguma oração explícita, e inclusive algum sinal, como a imposição das mãos, pedindo a cura, sempre atendendo ao que a respeito regula a Igreja.

2. Esse valor sanante dos sacramentos não pode se separar da ação e das relações da comunidade cristã local, nem da pastoral global que se leva à realização com os enfermos. Das relações próximas na comunidade concreta dependem também a saúde ou a enfermidade, como já indicamos. A forma com que se recebe, se acolhe e se trata os fiéis de uma comunidade local, a maneira com que se fomenta e se mantém o apoio mútuo, a escuta e a assistência, a compreensão e o afeto favorecem ou impedem o que cada um de seus membros experimente e seja promotor da saúde ou da enfermidade, a qual também provoca mal-estar. Não há dúvida de que, para criar esse ambiente, contribuem, de uma maneira especial, a proclamação da Palavra (evangelização, catequese, pregação), a celebração alegre da eucaristia, da reconciliação e da unção, a oração de intercessão pessoal e comunitária.

3. É preciso, pois, que as comunidades valorizem de forma adequada os que exercem um serviço ou ministério de cura: oração pelos e com os enfermos, dom de consolação, dom de conciliação e reconciliação, dom de acolhida e de escuta, capacidade de se solidarizar com o sentimento e as necessidades dos enfermos... Convirá distinguir entre "serviços" e ministérios de cura, assim como determinar as condições em que alguém pode exercer tal ministério.[78] Em todo caso, quem realiza esse serviço deve sempre entender que o poder de cura depende de Deus mesmo, que seu serviço implica uma dimensão profética, já que se encontra unido à justiça – não sem motivo, "quando se opera a cura se estabelece a justiça" –, que deve vincular a proclamação do evangelho ou evangelização com qualquer gesto ou rito de cura que se proponha.

4. Também será preciso distinguir entre a "cura interior" e a cura corporal, pois nem sempre aquela se manifesta

---

[78] Cf. D. Borobio, *Misión y ministerios laicales*, Salamanca 2001. Especialmente no capítulo 8, intitulado "Ministerio de sanación" (215-260), explicam-se os fundamentos de tal ministério e as diversas situações e possibilidades para exercê-lo. O presente estudo deve colocar-se em relação com o que escrevemos naquele livro.

corporal ou fisicamente. A cura interior supõe restaurar o bem-estar integral da pessoa mediante uma transformação íntima que Deus mesmo realiza. Não se trata tanto de "apagar o passado", mas sim de transformar as recordações que levamos no presente, a maneira como aqueles "fatos" nos afetam agora, provocando sentimentos ou atitudes de medo, de rejeição, de antipatia, de sensualidade. Essa cura interior pode acontecer e dar-se por meio da oração, da confissão, da eucaristia, do conselho, do acompanhamento... E quase sempre trata-se de um "processo de cura" que habitualmente implica diferentes fases e tende a potencializar a confiança em Deus, a humildade para reconhecer os próprios limites, o arrependimento das culpas e a acolhida do perdão, a atitude de louvor e agradecimento a Deus, a oração e o apoio comunitários. Como bem afirma a Conferência Mundial sobre Missão e Evangelização:

> O caminho da reconciliação e da cura não é fácil. Requer escuta, sinceridade, arrependimento, perdão e autêntica adesão a Cristo e sua justiça. Por essa razão, exploramos várias formas nas quais se nos oferece a força curadora de Deus. Entre elas estão a cura que se opera pela oração, pelas práticas ascéticas e pelos carismas de cura, mediante sacramentos e serviços de cura, mediante uma combinação de procedimentos médicos e espirituais, enfoques sociais e sistêmicos, e mediante a percepção da presença sustentadora do Espírito Santo, mesmo quando aceitamos e continuemos a luta contra as enfermidades e outras experiências traumáticas.[79]

---

[79] Conferencia mundial sobre misión y evangelización, *Ven, Espíritu Santo, sana y reconcilia*, Atenas, 9-16 de maio de 2005.